高职高专应用型教材

Gongcheng Wenmi Xunlian
工程文秘训练

主　编　潘媛媛　杨淑萍
副主编　杨　洁　黄春莉　韦丁华

人民交通出版社股份有限公司
北京

内 容 提 要

本教材根据工程文秘人员的职业规律,将文秘训练内容分为4个模块,15个任务,将被动理论知识学习转变为主动探寻任务解决。每个任务设置知识目标、能力目标和工匠精神目标,培养从课内延伸到课外,突出职业核心能力培养,适应岗位需求。模块任务既遵循文秘办事、办会和办文的职业能力,又兼顾岗位需求,开展"读、说、写、行"的职场情景训练。训练流程注重学生的个人探索,提倡培养学生的实际操作能力。

本教材既可作为高职高专院校文秘专业及相关专业实训课程的教材,又可作为工程项目部提高文秘、助理、行政管理等岗位人员技能和素养的培训教程。

图书在版编目(CIP)数据

工程文秘训练 / 潘嫒嫒,杨淑萍主编. — 北京:人民交通出版社股份有限公司,2020.2
ISBN 978-7-114-16257-2

Ⅰ.①工⋯ Ⅱ.①潘⋯ ②杨⋯ Ⅲ.①工程管理-秘书-工作-高等学校-教材 Ⅳ.①F40

中国版本图书馆 CIP 数据核字(2020)第 008598 号

高职高专应用型教材

书　　　名:	工程文秘训练
著 作 者:	潘嫒嫒　杨淑萍
责任编辑:	赵瑞琴
责任校对:	张　贺
责任印制:	张　凯
出版发行:	人民交通出版社股份有限公司
地　　　址:	(100011)北京市朝阳区安定门外外馆斜街 3 号
网　　　址:	http://www.ccpress.com.cn
销售电话:	(010)59757973
总 经 销:	人民交通出版社股份有限公司发行部
经　　　销:	各地新华书店
印　　　刷:	北京虎彩文化传播有限公司
开　　　本:	787×1092　1/16
印　　　张:	8.25
字　　　数:	188 千
版　　　次:	2020 年 2 月　第 1 版
印　　　次:	2023 年 1 月　第 2 次印刷
书　　　号:	ISBN 978-7-114-16257-2
定　　　价:	26.00 元

(有印刷、装订质量问题的图书由本公司负责调换)

前言
Preface

本教材以培养工匠精神和文秘职业素养为核心，以人文教育涵养职业教育为脉络，从文秘职业标准与工程岗位互通互认展开编写工作。

本教材以工程项目为线索，由4个模块、15个任务构成，打破传统文秘知识输出方式，将被动理论知识学习转变为主动探寻任务解决。模块任务既遵循文秘办事、办会和办文的职业能力，又兼顾岗位需求，开展"读、说、写、行"综合训练，激发工作和学习兴趣。每个任务设置知识目标、能力目标和工匠精神目标，培养从课内延伸到课外，充分利用各种载体加强实践教学，突出职业核心能力培养，适应岗位需求，体现职业核心能力的基本素养。用岗位任务驱动工程文秘技能的系统训练。通过培养良好的职业道德品质，塑造学习者的文秘职业形象和工匠精神；通过开展文秘职业情境任务，采用探究性学习方法，对掌握工程文秘工作技巧、培养文秘素质和适应岗位能力起到重要作用。

古有诗云："精华在笔端，咫尺匠心难。"本教材旨在实现工程文秘工匠精神的探索和养成。本教材内容遵循职教规律，参照岗位职责，教材中各个环节互相呼应，通过"任务"驱动学习兴趣，"知识链接"引领学习，"任务分析""任务训练""任务评分表"呼应学与做，过程完整。

本教材由潘媛媛负责提纲的编写及内容体例的设计，同时负责统稿和组织协调工作。具体的编写分工为：潘媛媛负责编写模块1、前言、工匠精神培养·推荐阅读书目、参考文献、任务训练自评表；杨淑萍负责编写模块4中的任务3、任务4、任务5；杨洁负责编写模块3；黄春莉负责编写模块2；韦丁华负责编写模块4中的任务1、任务2。

本教材在编写过程中借鉴和援引国内外同类教材、著作、杂志以及网站中的有益资料，在此对原作者表示诚挚的谢意。

本教材是2017年度广西职业教育教学改革研究项目"人文教育涵养工匠精神的研究与实践——以'工程文秘'课程建设为例"（GXGZJG2017B171）的研究成果之一。

编 者

2019年12月

目 录
Contents

模块 1　工匠精神与工程文秘岗位素养 1
　任务 1　工匠精神与工程文秘岗位认知 3
　任务 2　文秘形象塑造 7
　任务 3　团队精神与沟通协调能力 11
　模块提升训练 18

模块 2　工程文秘办事技能 21
　任务 1　办公室常规事务 23
　任务 2　接待事务 31
　任务 3　资产采购与库存管理 38
　任务 4　工程项目跟进 42
　模块提升训练 47

模块 3　工程文秘办会技能 49
　任务 1　会议筹备 51
　任务 2　会议进行 60
　任务 3　会后总结 65
　模块提升训练 71

模块 4　工程文秘办文技能 75
　任务 1　印章管理 77
　任务 2　文件管理 81
　任务 3　条据、请柬 87
　任务 4　通知、通报 96
　任务 5　报告、请示、函 108
　模块提升训练 119

工匠精神培养·推荐阅读书目 122

参考文献 123

模块1
工匠精神与工程文秘岗位素养

　　模块概况：本模块主要包含工匠精神诠释、岗位认知、文秘形象塑造和沟通技能提升，旨在帮助学生认知岗位要求，理清工作内容和掌握基本原则，从理论到实践，根据工匠精神培养和职业素养核心要求，塑造文秘形象。

任务1　工匠精神与工程文秘岗位认知

任务目标

知识目标
1. 了解工匠精神新时代内涵。
2. 熟悉文秘的定义和类别。
3. 掌握工程文秘的工作内容和基本原则。

能力目标
在工程文秘岗位中具备工匠精神和职业核心能力。

工匠精神目标
鼓励追求卓越的创新精神。

任务布置

小罗作为一名工程专业的应届毕业生，看到某汽车销售公司工程部文秘岗位招聘的信息，投了简历后进入初轮面试。公司人力资源师提问小罗："应聘工程行业的文秘应该具备什么技能呢？"

小罗应该怎么回答呢？

知识链接

文秘工作源远流长。如今，文秘已是我国党政机关、企事业单位普遍设置的一个职位，在世界范围内也是最常见的社会职业之一。文秘有各种类型，他们在各自的岗位上，按照文秘工作的基本原则，发挥重要作用。

一、文秘的定义

广义的文秘概念：具备文秘职业素养和工匠精神，掌握文秘办事、办会、办文技能，保证办公室工作正常运转，直接为领导工作服务的职业岗位。

狭义的文秘概念：掌握公共关系处理与文秘专业的基本理论与知识，熟悉秘书学的原理，掌握现代职场礼仪，具有一定的写作、口才表达能力，能熟练处理文书档案管理工作，并

从事信息宣传、文秘服务、日常资产管理及公共关系等工作的人才。

二、文秘的类别

(一)按服务对象划分

从文秘服务的对象来划分,可分为公务文秘和非公务文秘(私人文秘)两类。

(二)按从事行业和职能划分

从文秘从事的行业和职能来划分,可分为法律文秘、行政文秘、工程文秘、医学文秘、教学文秘等。

(三)按工作内容划分

从文秘工作的内容来划分,可分为文字文秘、机要文秘、信访文秘、通信文秘、事务文秘、生活文秘。

三、工程文秘岗位的要求与工作基本原则

(一)岗位要求

具备良好的职业道德和工匠精神,对待工作积极主动,待人接物有耐心和亲和力,能协助领导开展人际沟通协调工作,具备团队精神,熟练使用办公自动化设备,有责任心、严谨度和保密意识。

(二)工作基本原则

准确、迅速、求实、保密。

四、工程文秘的工作内容:办事、办文、办会

(1)协助领导组织协调日常工作;及时向领导转达上级的电话通知、指示和交办的工作;向下级传达主管或分管领导的工作指示、意见和要求。

(2)负责有关文稿的撰写、打印和上报工作,拟定上传下达的各类文件,协助分管领导做好单位各阶段的各项工作计划、总结。负责文件立档、登记、分送、催办,严格执行保密制度,做好机要文件的收发、保管、清退、核销和立卷归档工作。管理文书档案,履行建档和查阅手续。

(3)负责单位各项信息的收集、整理和利用工作,做好各类简报、信息和相关材料的报送工作。

(4)做好办公室日常事务管理、人员接待、沟通协调等工作。

(5)负责工程项目跟进;人员配置,项目综合统计,协助制订项目进度表;更新项目进度计划表,安排会签、图纸存档、图纸递送等。

(6)负责会议筹备、会中服务、会后资料整理工作。

(7)协助本单位领导抓好群团工作和离退休人员服务工作;做好人事、劳动工资和党务统计工作。

五、新时代工匠精神

党的十九大报告提出,建设知识型、技能型、创新型劳动者大军,弘扬劳模精神和工匠精

神,营造劳动光荣的社会风尚和精益求精的敬业风气。

新时代工匠精神的基本内涵:主要包括爱岗敬业的职业精神、精益求精的品质精神、协作共进的团队精神、追求卓越的创新精神这四个方面的内容。其中,爱岗敬业的职业精神是根本,精益求精的品质精神是核心,协作共进的团队精神是要义,追求卓越的创新精神是灵魂。

(一)爱岗敬业的职业精神

爱岗敬业,是爱岗和敬业的合称,两者互为表里,相辅相成。爱岗是敬业的基础,而敬业是爱岗的升华。具体来说,所谓爱岗,就是要干一行,爱一行,热爱本职工作,不能见异思迁,站在这山望那山高。所谓敬业,就是要钻一行,精一行,对待自己的工作,要勤勤恳恳,兢兢业业,一丝不苟,认真负责。调研发现,凡是获得"工匠"和"劳模"荣誉称号的工人,都是爱岗敬业的典范,他们很多人都在本职岗位上工作了二三十年之久,干出了一番事业。所以,工匠精神最根本的内涵,就是爱岗敬业的职业精神。

(二)精益求精的品质精神

顾名思义,精益求精,是指一件产品或一种工作,本来做得很好了,很不错了,但还不满足,还要做得更好,达到极致。精益求精的品质精神是工匠精神的核心。一个人之所以能够成为工匠,就在于他对自己产品品质的追求,只有进行时,没有完成时,永远在路上;他不惜花费大量的时间和精力,反复改进产品,努力把产品的品质从99%,提升到99.9%,再提升到99.99%。对于工匠来说,产品的品质只有更好,没有最好。在调研中最深的感受之一就是,追求极致、精益求精是获得各类"工匠"荣誉称号工人的共同特点,这也是他们能身怀绝技,在国际、全国或省(区、市)的各种技能大赛中夺金摘银的重要原因。

(三)协作共进的团队精神

如果说爱岗敬业的职业精神、精益求精的品质精神是传统工匠精神中具有的内涵,那么,协作共进的团队精神则主要体现于新时代工匠精神之中。因为和传统工匠不同,新时代工匠尤其是产业工人的生产方式已不再是手工作坊,而是大机器生产,他所承担的工作,只是众多工序中的一小部分。比如"复兴号"列车,一列车厢就有三万七千多道工序,这三万七千多道工序,一个人是不可能完成的,必须由车间或班组亦即团队协作来完成。团队需要的是协作共进,而不是各自为战。因此,协作共进的团队精神是新时代工匠精神的要义。所谓协作,就是团队成员的分工合作;所谓共进,就是团队成员的共同努力、共同进步。

(四)追求卓越的创新精神

追求卓越的创新精神也是新时代工匠精神的内涵之一,甚至是新时代工匠精神的灵魂。传统工匠精神强调的是继承,祖传父、父传子、子传孙,是传统工匠传承的一种主要方式,而新时代工匠精神强调的则是在继承基础上的创新。因为只有在继承基础上进行创新,才能跟上时代前进的步伐,推动产品的更新换代,以满足社会发展和人们日益增长的对美好生活的需要。有无追求卓越的创新精神,是判断一个工人能否被称为新时代工匠的一个重要标准。

任务分析

小罗在面试前应该做出以下准备:第一,提前了解工程文秘岗位的要求和工作内容;第

二、结合自身优缺点,明确岗位竞争优势。

在面试的自我介绍环节中,小罗可以将自身优势和岗位要求相结合,突出优势,体现胜任岗位的能力。

 任务训练

1.训练内容

分小组演练,小组成员依次扮演小罗(称呼可以根据成员姓名变化)开展自我介绍。

2.训练时间

每人自我介绍限时30~60秒。

3.训练要求

(1)自我介绍要求结合个人情况和工程文秘岗位要求开展。

(2)普通话标准,逻辑正确。

(3)每位成员完成自我介绍训练后,评选"优秀成员"2名。

任务训练自评表

分数区间	80~100分	60~79分	59分及以下
以小组为单位评分（100分）	全组每位成员在60秒内完成自我介绍;介绍内容符合训练要求	全组每位成员在60秒内完成自我介绍;普通话基本标准,基本能根据岗位要求开展自我介绍	全组半数成员无法在60秒内完成自我介绍;介绍逻辑混乱,普通话不标准,没有根据岗位要求开展自我介绍

任务 2　文秘形象塑造

任务目标

知识目标
1. 了解文秘职业形象的内涵。
2. 掌握文秘职业仪表的塑造要求和方法。

能力目标
能正确进行文秘形象定位。

工匠精神目标
具备爱岗敬业的职业精神。

任务布置

某汽车销售公司招聘一名工程部行政文秘,经过多次筛选,小罗得到入职的机会。第一天去公司上班,小罗非常兴奋,穿着和读书时候一样的衣服就出门上班了。到了公司,见到的第一位同事是人力资源部的小陈,小陈看了看小罗,笑着说:"呦,学生味挺浓,年轻就是好!"在接下来上班的一周时间里,同事们似乎都拿小罗的"学生味"开玩笑。小罗暗下决心,下周"变装"!新的一周来临,小罗应该如何穿着呢?

请帮小罗打造新的职业形象!

知识链接

一、职业形象的内涵与特征

(一)职业形象内涵

职业形象是职场人员(个体)在职场中树立的公众形象,具体包括外在仪表、行为举止、职业道德和知识素养等方面。职业形象是职业气质与职业仪表的综合体现。

职业气质是从业人员个人内在、长远、深层次的职业形象,是一个人在长期的职业生活中历练的结果,是职业道德和知识素养的综合呈现。

职业仪表是精神面貌、穿着、行为举止等内容的综合呈现,在一个人的职业交往中有着

非常重要的作用。人们通过你的职业仪表,可以判断你的身份、地位、能力和素质,以及你对所从事职业的态度。

(二)职业形象特征

1. 与个人年龄、职业种类、工作环境、行业要求相符合

社会阅历和审美是随着年龄增长而改变的。随着阅历和审美的改变,要保持职业形象的统一性,就必须考虑职业种类、办公室人员整体风格和行业要求。例如,在汽车销售行业,车间维修人员一般身着统一的维修工服,而前台接待或办公室文员以身着西装为主。这就是同一行业内,不同工作环境要求不同的职业形象的直接体现。

2. 不同场合采用不同的表现方式,个人的穿着在做到展现自我的同时也要尊重他人

工程文秘外在形象有仪容、仪表和仪态。

衣着仪表是个性的表征,反映一个人的文化修养和格调,显示自己的职业和职位。文秘也是如此,正式场合应着整洁得体、大方优雅的职业装。文秘的打扮可以说是公司形象的风向标,客户来拜访,先见到的不是领导而是文秘。身为文秘,应记得随时保持得体的美丽形象,不要怕比领导穿得庄重。每位领导的穿着品位不同,可是心态却是一致的:希望自己的秘书外表典雅庄重,这样在外人面前自己很有面子。随着现代企业制度的逐步完善,企业对文秘素质的要求也越来越高。"文秘这一行,重视仪表美,并不是为了到舞台上表演,也不是要人家钟情于你,而是要树立文秘这个角色的美好形象,更有利于为领导服务,有利于开展工作。"文秘的外在形象美主要是仪表美、气质美,文秘应该保持一个较为完美的外在形象,给公众留下良好印象。

二、工程文秘职业仪表的塑造要求和方法

(一)职场精神面貌的塑造力求做到"五个一"

发型:清爽洁净,一丝不苟。
手部:不留指甲,一尘不缁。
面容:适度稳重,面目一新。
着装:端正大方,焕然一新。
气质:充实知识,举一反三。

整洁的发型,即头发干干净净、整整齐齐、长短适当,发型简单大方、朴素典雅。要勤洗发、勤理发,把头发梳理到位。男文秘头发长度以6厘米左右为佳,后不及衣领,前不覆额头;女文秘头发的长度则相对来说要宽松一些,工作场合,必须将长发扎起来。

干净的手部,即必须勤洗手,常剪指甲,绝对不要留长指甲。

清爽的面容,不允许面部不干净、不卫生。注意经常检查和修剪鼻毛,清理眼角,最后还要注意去除口部的多余物,这是指口角周围沉积的唾液、飞沫、食物残渣和牙缝间的牙垢。

着装分场合,不同场合着装风格应有所区别,正式的商务活动、宴请等,着装隆重正式;普通的办公室,着装简约大方,协调明快。

职业气质不是一朝一夕形成的。有道是:腹有诗书气自华。每月至少读一本好书,对提升专业知识或丰富知识结构都大有益处。职业气质是阅历和知识的积累,没有捷径,不可急

于一时,也不可松懈。

(二)行为举止要求

文秘人员需要培养谦虚而恭敬、落落大方的态度。谦虚是指正确地看待自己,也正确地看待别人。不过高估计自己,不过低估计别人,善于发现自己的缺点并改正,善于发现别人的优点并且欣赏和学习。恭敬就是尊重对方的人格,诚恳待人,和蔼热情,不骄横。谦虚而恭敬的态度往往是一个人的神态、语言、动作和行为的综合表现。

1.表情适中

表情中最主要的因素是眼神和微笑,它们可以表现出对对方的欣赏、理解和欢迎。特别是在与人交谈时,眼神要能显示出你在倾听对方的讲话,因为每个人都喜欢用语言表达自己,喜欢别人听自己讲话,如果你用眼神告诉对方你是一个值得我倾听的人,无形中会增强对方的自尊心和信心,使对方感到你能理解他、尊重他,赢得对方的信任,从而产生愿意同你交往的意愿。同样,微笑能使生疏变为亲密,真诚的微笑能营造互相信任、亲切友好的气氛。

2.举止得体

举止礼仪是自我心诚的表现,一个人的外在举止行动可直接表明他的态度。要塑造良好的交际形象,必须讲究礼貌礼节,行为举止应做到彬彬有礼,落落大方,遵守一般的进退礼节,尽量避免各种不礼貌、不文明行为。手势和行立坐态都能表现出谦虚而恭敬的态度。文秘经常跟随领导出入于各种场合,更应注意礼节。在社交场合要主动、大方地与对方接触,递送名片,自我介绍,让对方尽快了解自己。言谈中注意语言的文雅与委婉,说话方式轻松自如,语速不疾不徐,落落大方。

3.牢记他人的姓名,称呼恰当亲切

一般人对于自己的姓名特别在意,如果记得对方的姓名,会使对方对你产生极大的好感。即使忘记了对方的姓名,也要委婉地询问或不动声色地处理,切忌直白地跟对方说"记不得了"或"我忘记了"等话语,让对方难堪。

任务分析

小罗要根据自身特点和从事的行业特征,重新打造个人的职业形象。

作为一名汽车销售公司的行政文秘,首先要考虑行业特点,分清楚前台接待着装、车间着装和正式商务场合着装的差异;再根据自身特点进行规划。

任务训练

1.训练内容

分小组讨论哪些服饰适合哪些场合。

2.训练时间

分组讨论10分钟,小组代表发言1~2分钟。

3.训练要求

(1)要求组内每位成员都能独立发言,提出个人见解,组长负责记录。
(2)组内指定成员记录讨论内容,派代表总结小组意见并发言。
(3)任务完成后,组内评选"优秀成员"2名。

任务训练自评表

分数区间	80~100分	60~79分	59分及以下
以小组为单位评分（100分）	全组成员在指定时间内完成训练任务,并按时提交讨论记录;小组代表发言逻辑清晰,阐述完整,内容贴切	全组成员在指定时间内完成训练任务,并按时提交讨论记录;小组代表发言逻辑不太清晰,阐述基本完整,内容基本贴切	全组成员在指定时间内无法完成训练任务,不能按时提交讨论记录;小组代表发言逻辑混乱,阐述不完整,内容不贴切

任务3　团队精神与沟通协调能力

任务目标

知识目标

1.了解团队精神和团队建设的基本方法。
2.掌握文秘岗位的沟通协调基本技巧。

能力目标

1.培养团队精神。
2.提升口才沟通协调能力。

工匠精神目标

具备协作共进的团队精神。

任务布置

　　某天上午,工程部行政文秘小罗正在办公室打印文件。突然,工程部的许工程师进来,要求小罗立刻帮忙联系人事部多招4名施工员。小罗立刻打电话给人事部冯经理,说:"冯经理吗?工地上缺少施工员,请帮忙再找四五位!"下午,办公室杨主任回到办公室,分别接到人事部和工程部2个投诉小罗的电话,批评小罗越权!杨主任让小罗认真研读岗位职责,提升个人沟通协调能力。
　　小罗觉得非常委屈,觉得自己只是努力工作和帮助许工程师解决问题!
　　请问小罗在沟通中有哪些失误?如果你是小罗,你会如何处理此事?

知识链接

　　任何一个组织都是一个有机整体,不是独立存在的,它们总是处于一定的社会环境之中。简言之就是,它们处于国家、社会和组织系统之中,必然与周围组织发生各种各样的联系、沟通、交流与合作,也必然会发生各种失衡、分歧、矛盾乃至冲突,这就需要各级领导的指挥与控制,也需要文秘的配合与协助,辅助领导进行协调,才能达到统一与和谐。在组织机构内部,部门之间和人员之间都需要沟通与协调。作为职业人员相互合作,在具体事务处理上同心协力,达到配合默契,最重要的就是沟通信息,互相通报情况,这才是解决矛盾的有效

方法。所以说,沟通协调是领导机构组织社会活动的一种手段,也是一种有效的工作管理方法。

一、沟通基本定义

所谓沟通,是人与人之间的思想和信息的交换,是将信息由一个人传达给另一个人(或群体)的逐渐传播的过程。

沟通是一种人与人之间的交流,看起来是通过某个主题、某件事情交换意见取得共识达成一致,但更多的其实是一种情感甚至是互相信任情感的传递过程。沟通是指为了一个设定的目标,把信息、思想和情感在个人或群体间传递,并且达成共同协议的过程。它有三大要素,即:

(1)要有一个明确的目标。

(2)达成共同的协议。

(3)沟通信息、思想和情感。

每一次沟通,都要设定一个目标,沟通的过程就是向沟通目标不断靠近的过程。一个人必须知道该说什么、什么时候说、对谁说,以及怎么说。沟通必须要有针对性、目的性,否则,沟通就成了日常的闲聊了。

二、影响沟通的主要因素

(一)人际因素

在职场中,人们一般愿意听或看他们想听或想看的东西,而不愿意听或看那些他们不想听或不想看的信息。除了接受能力上的差异外,许多人对沟通技巧的运用也很不相同。例如,有的人擅长口头表达而疏于书面表达,有的人则工于书面表达而弱于口头表达,这些都会影响沟通的质量。其中,沟通双方的诚意和相互信任至关重要。如果上下级之间相互猜疑,那只会增加双方的抵触情绪,减少坦诚交谈的机会,因而也就不可能进行有效的沟通。

(二)职场内部结构因素

这主要包括职场地位高低、信息传递链的长短和团体规模的大小等差别。一般来说,人们总是愿意与地位较高的人沟通,地位较高的人则更愿意相互沟通;如果双方地位悬殊,信息就会趋向于从地位高的流向地位低的。就信息传递链而言,信息传递链越长,信息在传递中失真的机会就越大。而团体规模越大,人与人之间沟通的困难也就越多。一个机关机构臃肿、层次过多,一条信息或意见从最高层发出后经过层层传递,原来的信息经过层层过滤就很可能发生变形,这样必然要影响沟通的效果。在社会心理学研究中人们早已发现,由于角色地位的不同,不同的人往往会对同一事物产生不同的看法。不同的职场性格、兴趣、情绪和态度等,渗透在人们从事的所有活动的各个方面,在一定条件下可能会造成沟通的障碍。

(三)语言表达因素

包括口头语言和书面语言两个方面。在口头传递信息的过程中,如果使用方言、土语而对方又不懂这种方言或土语,那就达不到沟通的目的。在书面沟通中,如果文字不通、词不达意、模棱两可或出现错别字等,就必然导致沟通不畅。

(四)职业经验因素

初入职场者往往比职场经验丰富者更容易出现沟通障碍,主要是因为信息传递者与接受者知识水平和经验悬殊。初入职场者常常认为沟通步骤越简单越好,从而忽视了职场中职位、部门职能等因素,出现越级、越位和越权沟通现象。职场"小白菜"们应该特别规避此类行为。

三、职场沟通基本技巧

(一)简化语言,条理清晰

从简单的"123"表达方式开始练习,有层次有总结,多用数字。一次沟通不需要太多主题,把最重要的主题放在前面说,使信息听起来更加清楚、明确,不要说别人听不懂的专业性太强的话。

(二)善于倾听,积极反馈

比起"说",在职场中善于"听"的人,职业前景会更广阔。在倾听中,体会对方说了什么和没说什么都很重要。不要自己滔滔不绝,不管他人想法,这样容易造成误解。在沟通中应积极反馈,不仅是语言、肢体、表情上的反馈,还包括工作上其他方式的反馈,如邮件的回复、媒介信息的确认等。

(三)控制情绪,捕捉表情

在职场沟通中,智商和情商同样重要。在情商提升中,职业人士要学会控制情绪,也要善于捕捉沟通方的情绪和表情。职场沟通大忌是情绪失控,情绪失控会使沟通双方的信息传递受阻、失去沟通初衷。除了控制情绪,还应学习自我表情管理、态势语言含义等相关知识,比如眼神的不同表现力、赞赏与厌恶的表情差异等。

四、职场沟通协调原则和沟通技能提升方法

(一)职场沟通协调原则

工程文秘是从事办公室程序性工作、协助领导处理日常事务并为决策及实施提供服务的人员,是领导的助手。在工作中,文秘需要为领导协调处理大量的事务和杂务,促进本单位的工程顺利运转和进行。从协调的对象上看,文秘需要协调领导成员之间的关系,有隶属关系的上下级之间的关系、本单位内各部门之间的关系、本单位与外单位之间的关系等等。从协调的内容上看,文秘需要进行项目协调、工作计划协调、公文协调、会议协调等等。因此,要求文秘在沟通协调中必须遵循以下原则。

1.尊重与平等

尊重沟通的对象,在沟通双方地位平等的基础上,以礼貌得体的方式进行沟通。在人际沟通中,每个人都希望被人尊重、认可和赞扬。所以,只有尊重自己的沟通对象,才会赢得别人的尊重。

2.依据有政策

文秘协调工作必须要以国家出台的方针政策为根本依据。文秘要熟悉国家主要的方针政策,对国家的法律法规要有一定的认识,要具备较高的政治理论水平。作为一名合格的工

程文秘,应该将中央或上级的相关政策条文、法律法规等资料提供给决策领导,让他了解相关方针政策,避免做出错误决策。

党和国家的方针政策是文秘协调工作的依据,单位的规章制度是文秘协调工作的准则。遇到与国家方针政策或与单位规章制度相抵触的事情时,文秘必须要坚持原则,按政策或规章办事,不能偏离方向,不能掺杂个人情感偏好,讲究原则,遵守职业道德。

3. 适度与适当

文秘在协调工作中,必须要坚持原则性与灵活性的统一,做到大事适度,小事适当。文秘的协调工作包括许多方面的内容,例如项目数据核稿工作,首先就是要以数据真实规范为依据。有些施工方案报审人员粗心大意或草率行事,出现数据不符合实际施工和实际情况,这时文秘就必须坚持原则,在对相关文档进行严格把关的同时,也要正确处理管理与服务之间的关系,坚持灵活性原则。在核稿中,对文字上可改可不改的地方,应选择不改。这既是出于对拟稿人的尊重和避免文稿改得一塌糊涂的考虑,也是为了减少争议。因为对同样一个内容,不同的人写起来具体的语言结构可能不一样,但只要表述准确、语言符合规范就可以了。但是对于数据错误,要坚持立场和原则,提醒纠正错误数据。

职场内的沟通协调需要根据不同对象、不同场合把握得体度,根据自己的身份把握言谈的分寸,包括体态语的适当。说在该说时,止在该止处。

4. 了解是前提

了解原则是指在沟通前应尽可能对沟通对象和沟通内容进行充分了解,遵守相应的沟通规范,以便采取合适的沟通渠道和沟通方式。对沟通对象的理解,不仅应理解其身份、职业、性格,也包括对其需求的理解。要使沟通顺利,在沟通过程中尽量满足对方的需求,并及时调整沟通策略。调查研究是协调的基础,以准确和充足的信息作为依据才能进行有效协调,及时接收反馈信息向领导汇报请示,千万不可代替领导行使决策权。

(二)沟通技能提升方法

会沟通和表达的人,更容易抓住每个重要机会,例如求职成功、商务会谈等等。职场中有许多重要时刻都需要开口说出来,如果不敢说、不会说、不能说,就会错过职场中许多重要的时机,留下满满的遗憾。喜欢说话就会有好人缘,就会有机会吗?答案是否定的。有些人喜欢说话,但是不见得有好人缘,说话不过脑,善意评价是耿直,实际上叫嘴损。

职场沟通技能是让相关信息输入你的"脑"和沟通内容输出你的"口"的过程。提升方法如下所示。

提升自信 → 缜密思考 → 寻找共鸣 → 逻辑清晰

在职场中,大家对出现问题、解决问题都持好心态的同事更偏爱,正能量满满、电力十足的团队成员往往更自信。当我们无法改变现状时,至少可以改变看待问题的角度,首先不能妄自菲薄,其次应积累能量,从而有面对职场中危机的信心,有解决问题的决心。

应届毕业生年少气盛,初入职场,觉得自己是个人物,每个人都想更快地升职加薪走上人生高峰。想自我发展,想升职,想换部门,先要展现出与之匹配的潜力和能力。在沟通前多观察多思考,职场环境和行业规则决定了不同企业、不同单位的沟通渠道是不同的。逐层逐级上报信息,逐层逐级下达消息是文秘工作必须遵守的沟通原则!

工程中的大部分工作不是一个部门独立完成的,多数都需要分工合作,作为一名工程文秘,要学会在不同的时间轴和不同的事情中寻找共鸣点。首先是认真分析工作涉及的部门和人员,再根据部门职责范围落实人员任务,最后提出初步解决方案、明确完成时间、落实人员任务或者场地安排等。上传下达,做好文秘的桥梁作用。少一分任性,多一份自律;少一分冷漠,多一份责任;少一分自以为是,多一份刻苦钻研,这是文秘沟通协调的不二法宝!

五、团队精神培养与团队建设

(一)团队精神

团队精神是大局意识、协作精神和服务精神的集中体现。团队精神的基础是尊重个人的兴趣和成就,核心是协同合作,最高境界是全体成员的向心力、凝聚力,反映的是个体利益和整体利益的统一,进而保证组织的高效率运转。团队精神的形成并不要求团队成员牺牲自我,相反,挥洒个性、表现特长保证了成员能够共同完成任务目标,而明确的协作意愿和协作方式则产生了真正的内心动力。团队精神是组织文化的一部分,良好的管理可以通过合适的组织形态将每个人安排到合适的岗位上,充分发挥集体的潜能。如果没有正确的管理文化,没有良好的从业心态和奉献精神,就不会有团队精神。

所谓团队,是指一群互助互利、团结一致为统一目标和标准而坚毅奋斗到底的人。团队不仅强调个人的业务成果,更强调集体的整体业绩。团队是在集体讨论研究和决策,以及信息共享和标准强化的基础上,强调通过队员奋斗得到胜利果实,这些果实超过个人业绩的总和。

俗语说:"人心齐,泰山移。"团队的核心是共同奉献。这种共同奉献需要每一位队员都能够为之信服的目标。切实可行而又具有挑战意义的目标,能激发团队的工作动力和奉献精神,为企业注入生命活力。团队的精髓是共同承诺,共同承诺就是共同承担团队的责任。没有这一承诺,团队如同一盘散沙。做出这一承诺,团队就会齐心协力,成为一个强有力的集体。很多人经常把团队和工作团体混为一谈,其实两者之间存在本质上的区别。优秀的团队具有能够一起分享信息、观点和创意,共同决策以帮助每位成员能够更好地工作,同时强化个人工作标准的特点。

(二)团队建设

团队建设是事业发展的根本保障,团队的发展取决于团队的建设。团队建设应从以下几个方面进行:

1.组建核心层

团队建设的重点是培养团队的核心成员。俗话说"一个好汉三个帮",领导人是团队的建设者,应通过组建智囊团或执行团,形成团队的核心层,充分发挥核心成员的作用,使团队目标变成行动计划,团队的业绩得以快速增长。团队核心层成员应具备领导者的基本素质和能力,不仅要知道团队发展的规划,还要参与团队目标的制订与实施,使团队成员既了解

团队发展的方向,又能在行动上与团队发展方向保持一致。大家同心同德,心往一处想,劲往一处使。

2.制订团队目标

团队目标来自于公司的发展方向和团队成员的共同追求。它是全体成员奋斗的方向和动力,也是感召全体成员精诚合作的一面旗帜。核心层成员在制订团队目标时,需要明确本团队目前的实际情况,例如,团队处在哪个发展阶段?组建阶段,上升阶段,还是稳固阶段?团队成员存在哪些不足,需要什么帮助,斗志如何?制订目标时,要遵循目标的 SMART 原则:S——明确性,M——可衡量性,A——可接受性,R——实际性,T——时限性。

3.培养团队精英

培养团队精英的重点在于建立学习型组织,让每一个人认识到学习的重要性,尽力为他们创造学习机会,提供学习场地,表扬学习进步快的人,并通过一对一沟通、讨论会、培训课、共同工作等方式营造学习氛围,使团队成员在学习与复制中成为精英。

4.善于搭建成长平台

团队精英的产生和成长与他们所在的平台有直接关系,一个好的平台,能够营造良好的成长环境,为他们提供更多的锻炼和施展才华的机会。

5.培育团队精神

团队精神是指团队的成员为了实现团队的利益和目标而相互协作、尽心尽力的意愿和作风,它包括团队的凝聚力、合作意识及士气。团队精神强调的是团队成员的紧密合作。要培育这种精神,领导人首先要以身作则,做一个团队精神极强的楷模;其次,在团队培训中加强团队精神的理念教育;最重要的是,要将这种理念落实到团队工作的实践中去。一个没有团队精神的人难以成为真正的领导人,一个没有团队精神的队伍是经不起考验的队伍,团队精神是优秀团队的灵魂,是成功团队的特质。

 任务分析

小罗应该遵循文秘沟通协调工作步骤来处理:受托→核查→汇报→协商。小罗收到许工程师缺少施工员的信息后,应该先向工程部核查情况是否属实,确定了信息内容真实性后,再向办公室杨主任汇报,请示如何解决,并协助领导完成此事的协调工作。

 任务训练

1.训练内容

分小组讨论小罗在本次工作中有哪些失误,并且开展职场情境演示,演示正确的处理方式和流程。

2.训练时间

分组讨论 5 分钟,小组分角色情境演示 6~8 分钟。

3.训练要求

(1)讨论内容由组长负责记录,并填写在任务反馈表中。

(2)小组成员分工扮演小罗、杨主任、许工程师、冯经理等角色。沟通协调流程按文秘沟通协调工作步骤完成,具体对话自拟。组长不参与职场情境演示,只负责记录。

(3)任务完成后,组内评选"优秀成员"2名。

任务训练自评表

分数区间	80~100分	60~79分	59分及以下
以小组为单位评分（100分）	完成所有训练要求;全组成员在指定时间内完成训练任务。组长在教师规定时间内提交详细的训练记录,记录条理清晰	基本完成所有训练要求;全组成员训练总用时不超过15分钟。组长在教师规定时间内提交完整的训练记录,记录条理基本清晰	无法完成所有训练要求;全组成员训练总用时超过15分钟。组长不能在教师规定时间内提交完整的训练记录,记录条理不清晰

模块提升训练

一、填空题

1.职业形象是职场人员(个体)在职场中树立的公众形象,具体包括_____、行为举止、_____和_____等方面。职业形象是_____与职业仪表的综合体现。

2.男文秘头发长度以_____厘米左右为佳,后不及_____,前不覆_____。

3.职业形象必须与_____、_____、_____、行业要求相符合。

4.新时代工匠精神基本内涵包括_____、_____、_____、_____四个方面内容。

二、判断题

(　　)1.在工地灰头土脸,所以工程文秘着装随便穿穿就可以。

(　　)2.微笑能使生疏变为亲密,真诚的微笑能营造互相信任和亲切友好的气氛。

(　　)3.牢记别人的姓名是一种礼貌行为。

(　　)4.一个月内读三百本书,是提升职业气质的捷径。

(　　)5.文秘需要培养谦虚而恭敬、落落大方的态度,谦虚是指正确地看待自己,也正确地看待别人。

(　　)6.只要穿得漂亮吃得好,气质自然提升。

(　　)7.团队建设是事业发展的根本保障,团队的发展取决于团队的建设。

(　　)8.爱岗是敬业的基础,而敬业是爱岗的升华。

(　　)9.文秘外在形象有仪容、仪表和仪态。

三、技能训练

1.每天练习微笑3组,每组3分钟。

2.按"办公室着装、工地着装、商务着装"3种类型整理个人的衣橱,看看自己的着装比例是否达到4∶4∶2,并相应调整着装比例。

四、简答题

1.工程文秘应该恪守怎样的职业道德?

2.工匠精神如何在工程文秘岗位体现?

3.新时代工匠精神内涵有哪些?

4.工程文秘岗位要求有哪些?

5.文秘广义和狭义的定义分别是什么?

6.团队精神是什么?如何搭建团队?

五、职场情境训练

振兴集团是一家中型土木工程企业,现有员工280余人。某日21时,该单位一车间突然冒出浓烟并伴有器物爆裂的声音,值班人员迅速跑至该车间附近,看见火苗已经从窗口窜出。由于火势较为凶猛,而此时恰巧企业主要领导人出差未归,如果你是该企业的值班文秘,将会怎样处理这一火灾突发事件?

训练任务:开展角色扮演,角色自拟

(一)训练要求

保持冷静,沉着应对。处理程序恰当,应急措施迅速有效。坚守岗位,认真负责,做好下情上传工作。要对事件的发展情况、所采取的措施、调查的结果,以及善后处理工作做好记录。该项训练任务要求10分钟内完成。

(二)虚拟情境

模拟车间厂房一间,内设办公室桌椅一套、电话机一部。

步骤1:电话告知办公室主任和企业安全科,然后大声呼喊:"起火了!起火了!"并迅速按下火灾报警器开关或摇动手动报警器。

步骤2:立即切断电源,以防止扑救过程中造成触电。

步骤3:迅速赶到火灾现场,协助办公室主任了解火情,如火势较大,迅速拨打119火警电话报警并组织现场工作人员立即展开扑救,防止火势继续蔓延。火灾现场如有易燃易爆品,应迅速转移以防止发生爆炸;报警后,马上到厂外马路上等候消防车的到来并做好向导工作。

步骤4:立即通知医务室人员到达现场抢救受伤人员,同时安排安全科人员管理现场,预防趁乱偷盗行为的发生。

步骤5:安全科组织人员按照疏散图指示及时疏散滞留在现场的工作人员和围观的群众。

步骤6:做好火灾事件的调查和善后处理工作,并将事件发生的原因、处理的全过程和预防的方案及时向企业领导汇报。

模块2
工程文秘办事技能

　　模块概况：本模块主要包含办公室常规事务、接待事务、资产采购与库存管理和工程项目跟进，旨在帮助学生了解工程文秘在办公室中需要掌握的办事能力和处理日常事务的具体办法。在实践中培养学生认真、细心、追求极致的匠心精神。

模块2　工程文秘办事技能

任务1　办公室常规事务

 任务目标

知识目标
1.了解办公环境管理的基本要求。
2.了解邮件(信件和快递)的收发、处置流程。
3.掌握值班计划的编排方法。

能力目标
1.能够根据实际情况制订值班计划和要求。
2.能够合理高效地安排组织、领导和个人的时间。
3.能够熟练处理日常办公事务。

工匠精神目标
培养爱岗敬业的职业精神。

 任务布置

"十一"黄金周,单位放了7天假,为了保证放假期间各个部门的正常运行,按照惯例需要安排人员值班,文秘小罗需要制订一份值班安排表。
假如你是小罗,应该如何制订值班安排表?需要注意哪些问题?

 知识链接

处理日常办公事务是文秘的基础工作,主要包括办公环境管理、办公时间管理、接待工作、接打电话、报账报销以及日常工作安排等,这些事务琐碎繁杂且注重细节,能否将办公室管理得井井有条是衡量办公室人员服务工作的重要标准。根据工作内容的安排,我们将日常办公事务分为两大模块,本节重点学习办公环境管理、办公时间管理、值班工作安排以及邮件(信件和快递)的收发四项内容。

一、办公环境管理

对办公环境的管理主要指对办公布局、安全、温度、湿度、光线以及声音等的管理,目的是为领导和同事创造一个舒适、安静、优美的办公环境,这也是文秘开展其他办公事务的基础和前提。

(一)空气清新

文秘上班的第一件事就是打开办公室的窗户,加强空气对流,避免空气浑浊,应禁止在办公区域吸烟,必要时可设立吸烟区以保证其他人员的身体健康。

(二)光线充足

办公区域的光线应充足且不刺眼,文秘可采取人工光或人工光与自然光相结合等方法保证光线充足。

(三)声音安静

办公室总体环境应保持安静,白天最大分贝不超过 45 分贝,大概如开会时的音量;晚上最大分贝不超过 35 分贝,如平时交谈的音量。大型会议室地面、墙面、天花板应装有吸音、静音装置。

(四)布局合理

办公设备摆放应充分利用有限空间,办公室空间及座位空间要适当,座位之间要留有通道。

(五)温湿度舒适

春天和秋天的办公室温度应保持在 22℃ 左右,夏天应保持在 26℃ 左右,冬天应保持在 20℃ 左右。办公室全年湿度应保持在 50%~60%。

(六)无安全隐患

办公区建筑应稳固安全,地面、墙面以及天花板完好无损,消防设施设备配备齐全,尤其是建筑施工类单位更要定期检查和更换。作为文秘,要率先树立"安全责任,人人有责"的意识,落实各项安全责任,发现设施设备故障或工作以及施工场所存在险情时,应当立即清晰、准确地向主管领导报告。

二、办公时间管理

作为领导的助手,文秘需要统筹兼顾,处理好集体内部的时间、领导的时间安排,经验丰富且熟悉具体事务的文秘能够有条不紊地组织各项事宜的开展,提高工作效率。初入职场的文秘很难将领导、整个单位的工作计划安排得十分妥当且缜密,这就需要文秘不断地去摸索和总结经验教训。

(一)办公时间管理需要遵循的原则

1.统筹兼顾,服务大局

文秘在制订各类时间安排时要统筹兼顾,做好协调工作,充分考虑领导以及全体人员的时间安排,不能顾此失彼,个人时间首先要服从于组织的整体计划。若发现有冲突,应当及时汇报,征得同意后进行相应调整。

2.计划消费时间,区分轻重缓急

文秘每天需要处理各类办公事务,事情繁杂,为了提高工作效率,需要有计划地安排时间,对部门近期发生的重大事情、各类具体任务、人员的外出以及休假等都要进行全面的掌握和了解,然后按照"ABCD"时间管理法则,区分轻重缓急,先重后轻。例如,年度的总结会议、年中考核、季度考核这些常规性的大活动要率先安排在年度计划中;经常性的业务工作安排在月计划或者周计划之中;突发或者临时的安排,隔日应安排好。

3.重要时间节点,需与领导确认

文秘所做的时间规划表只是供领导做决策使用,许多领导只是提供大方向的指导意见,具体时间、地点都需要经验丰富的文秘做进一步安排。即便如此,文秘也不能自作主张,在重要时间的抉择上文秘仍须及时与领导核对、确认,而且还有责任帮助领导推进各项进程,如安排活动的相关人员、安排交通住宿等。

4."例外"工作"案例化",固定工作"程序化"

文秘不能疲于应付各项工作而耗费大量时间,固定的工作需要"程序化"。文秘应当提前了解各个部门会上报多少材料、哪些部门需要在本周向领导汇报工作、每天会有多少文件需要领导批阅,基本了解工作规律之后就可以每周安排固定的时段来处理内部的工作。至于一些"突发"的情况,处理完毕后应当及时总结经验,以便节约时间,提高工作效率。

(二)时间计划表的制订

时间计划表是文秘时间管理的最有效手段,制订了完成时限并提醒人们按照计划表的安排开展活动。按时间的长短分类,计划表可以分为年度计划表、季度计划表、月度计划表、日计划表等。文秘根据这些时间安排,协助领导开展各项工作。

1.年度计划表

年度计划表是安排组织重大例行会议、重要活动等事项的表格(表2-1-1),只是初步的线条框架,活动详情需要在月计划和日计划中体现。

×××(单位)××××年计划表　　　　　　　　　表2-1-1

时间	上旬	中旬	下旬
1月		××外出考察	
2月	××项目开工		
3月			员工培训
4月			
5月	文化节开幕		文化节闭幕
……			
12月			年终总结大会
注意事项			

2.季度计划表

季度计划将年度计划进行分解,安排每个月的例行工作(表2-1-2)。

×××(单位)××××年各季度计划表　　　　　　　表 2-1-2

时间	第一个月	第二个月	第三个月
第一季度			
第二季度			
第三季度			
第四季度			

3.月度计划表

月度计划表一般以周为单位,制订每月工作要点,突出每周工作概要,让组织者对当月的工作有大体的把握(表 2-1-3)。

×××(单位)××××年××月计划表　　　　　　　表 2-1-3

时间	星期一	星期二	星期三	星期四	星期五	星期六	星期日
第一周							
第二周							
第三周							
第四周							
第五周							

4.日计划表

日计划表详细制订各个时段的工作内容并于当日核实完成情况,是提高当日工作效率的较好方法(表 2-1-4)。

×××(单位)时间安排表　　　　　　　表 2-1-4

日　期	时间段	工作内容	完成情况	备注
年　月　日				
……				
当日情况小结				

三、值班制度

值班工作是一项常规工作,作为办公时间以外和节假日接待工作的补充形式。严格执行值班制度,对于维护组织的正常运转,保证各项工作的正常开展,加强对内对外的联系有着非常重要的作用。

(一)值班工作主要任务

1.处理来函、来电

节假日值班期间,文秘或者值班人员对于来函和来电只负责记录和登记,一般不直接表态和做决定,更不能私拆信件,对于紧急信函或者来电应立即报告有关领导,请示处理方法。在处理来函、来电时,要保留好工作的原始记录,详细记录信息,切忌信息填写不完整、不准确。值班记录表如表2-1-5所示。

××××(单位名称)××(时间)值班表　　　　表2-1-5

人员 时间 日期	上午 ××:××~××:××	下午 ××:××~××:××	晚上 ××:××~××:××	……
××月××日	×××	×××	×××	×××
××月××日	×××	×××	×××	×××
……				
值班地点	××××	××××	××××	××××
注意事项	1.做好交接班工作,不留空档 2.做好值班记录 3.有急事、要事可同×××联系,电话:××××××(宅),手机:×××××××××			
值班任务	1.××××××××× 2.××××××××× 3.×××××××××			
备注				

××××年××月××日—××月××日

2.接待来访人员

对于无约到访的人员,值班人员需要做好登记,如有值班岗亭,则应叮嘱门卫做好车辆的信息登记,检查携带的物品等。对于临时来访人员,值班人员也要热情、大方接待,如发现异常情况,则应私下向主管领导汇报。

3.安全保卫工作

节假日值班还需要全面担负起安全保卫的职责,值班人员要巡查各个区域确保门窗紧闭、水电设施设备无损,加强对机密文件资料室和器材的保护。如遇突发事件,要反应迅速,及时请示有关领导;对于火灾或者其他紧急情况,可酌情做应急处置,处置完毕后第一时间向领导汇报。

(二)值班要求

1.提高防范意识

节假日期间值班人员较少,领导管理相对宽松,但值班人员对当天的安全负有直接责任,因此要牢固树立安全防范意识,不能麻痹大意,严格履行登记、问询制度,以维护单位的

利益,保护单位的安全。

2.严格遵守规定

值班人员要严格遵守值班期间的规定,不得擅自离岗、脱岗或者随意找人顶替值班,自觉履行值班职责,确保值班期间各项工作有序、高效运转。

3.信息传递准确

信息的准确传递是值班工作最重要的要求,因此,在传递过程中要确保信息准确、完整。值班人员不能拿定的事情不要擅自做决定,可给来访或者来电者中肯但是又不超越职权的建议。

4.工作台账明晰

值班各项记录是值班人员的原始工作凭证,在值班期间值班人员不能懈怠或者粗心大意,要及时履行各项程序,交接班时要当面说明在值班期间出现的问题和处理方法,各项信息核对完毕后应在值班记录本上签名。

四、办公室邮件(信件和快递)的收发及管理

(一)办公室中接收邮件(信件和快递)的程序(表2-1-6)

办公室中接收邮件(信件和快递)的程序　　　　表2-1-6

邮件接收程序	工作要求和注意事项
分类	1.将私人邮件和公务邮件分类。 2.将重要邮件和普通邮件分类。 3.将急件和普通件分类
拆封	1.公务邮件中有"亲启""保密"等字样时,文秘不能擅自拆开。 2.小心拆封,不能粗暴撕开,以免信封内文件受损。 3.拆封后仔细检查信封内是否有遗漏的文件
登记	1.公务信件、快递都需要进行详细登记(表2-1-7为邮件接收登记表)。 2.保存登记信息,方便查找邮件去向
呈送	1.遵循"ABCD"法则,区分邮件的轻重缓急,保证重要邮件能及时处理。 2.需要答复的重要邮件,先请示领导

邮件接收登记表　　　　表2-1-7

序号	收件时间	邮件名称	发件人及单位	邮件主题	收件人	办理期限	备注
1							
2							
3							

(二)邮件寄发程序(表2-1-8)

邮件寄发程序　　　　　　　　　　　　　　　　　　　　　　表2-1-8

邮件寄发程序	工作要求和注意事项
签发	除紧急邮件之外,文秘应当把需要签字的邮件集中在一起,签字后寄发
核验	1.逐项核对收件人的姓名、地址、联系方式是否有错漏。 2.核对信封内资料是否齐全
装封	1.如有附件,应当与正文分开叠好。 2.封口小心粘合,不能弄脏文件
登记	发出的邮件也要进行登记,以便跟踪(表2-1-9为邮件寄发登记表)
存档	邮件寄出前要预留复印件,进行存档

邮件寄发登记表　　　　　　　　　　　　　　　　　　　　　表2-1-9

序号	寄出时间	邮件名称	收件人及单位	邮件主题	回信时间	回信人	备注
1							
2							
3							

文秘要及时将各部门的邮件收发、整理,以免影响工作的正常开展。

任务分析

小罗在制订值班安排表的时候应当考虑以下几点:
(1)确定值班人员。兼顾各个部门,每个部门抽调人员轮值,确定值班人员。
(2)编制值班安排表。确定各个时段的安排人员、联系方式、值班领导等信息,编制完毕后请主管领导核实。
(3)强调值班要求和纪律。人不离岗、人不离机,有事提前报备,重大事情及时向值班领导汇报。
(4)收假后查看值班记录并及时向主管领导汇报情况。

任务训练

1.情境模拟

小罗正在值班,2个电话打入,1位无预约的访客到来,7封邮件到达,领导临时交办处理文件。小罗该如何逐项处理?

2.训练要求

以小组为单位进行情境模拟,情节完整、流畅,模拟真实、自然。

任务训练自评表

分数区间	80~100分	60~79分	59分及以下
以小组为单位评分（100分）	能区分轻重缓急，工作台账及电话记录完整；能做好相关事项并及时向领导报告、请示；接打电话和接待访客做到有礼有节	有工作日志、电话记录；待人接物基本得体大方，接打电话符合要求	工作记录不全；待人接物不周到；相关事项没有向领导请示汇报

模块2 工程文秘办事技能

任务 2 接待事务

任务目标

知识目标
1. 了解接待工作要求和原则。
2. 了解公务差旅费用报销处置流程。
3. 掌握接打电话的方法。

能力目标
1. 能够掌握接待工作的要求。
2. 能够熟练掌握接打电话的要求。
3. 能够制订出差事宜。

工匠精神目标
培养爱岗敬业的职业精神。

任务布置

上午10点,张总刚散会,文秘小罗正在焦头烂额地整理会务资料。这时,办公电话响了,五六声之后,小罗才匆忙拿起电话。对方语气非常着急,说找张总有急事,小罗不耐烦地说:"你是谁啊?他不在。"就把电话挂了。

你认为小罗的做法对吗?如果你是小罗,该如何处理接打电话的事宜?

知识链接

上一节,我们重点学习了办公环境管理、办公时间管理、值班工作安排以及邮件(信件和快递)的收发四项内容,这四项内容是办公事务的基础。本节我们重点学习接待工作、接打电话、差旅事宜以及公务出行费用报销事宜。

一、接待工作

文秘是公司的窗口和形象,常常要接待形形色色的人员,这要求文秘要有出色的角色意识和服务意识,能够为领导甄别访客,避免不必要的干扰。在接待工作中,文秘一定要礼貌

得体、态度友善,保持良好形象。

(一)接待的常见类型

(1)从组织关系来说,分为上下级、平级来访接待和公众来访接待。
(2)从来访目的来说,有业务交流、参观访问、召开会议等。
(3)从是否预约来看,有预订性接待和随机性接待。

(二)接待工作的原则

1.热情迎客

面对来客,不论是有约拜访还是"不速之客",文秘首先要做到亲切迎接,简称为"3S"服务,即站起身示意(Stand Up)、注视对方(See)并露出微笑(Smile),通常可向对方说"您好,欢迎光临,我能为您做些什么?"或"您好,请问您有预约吗?"。其次,询问客人的来意并及时和被访者取得联系。如对方有约而来则及时通知被访者,如被访的领导或同事并不想与其见面,文秘则要礼貌"挡驾",不能置之不理或故意冷落。

2.周到待客

确认约见后,文秘应注意以下几点:一是要起身指引,将客人带至会客厅,行经楼梯口或转角处需注意指引;如乘坐电梯,遵循"先进后出"的原则,为客人开电梯并与客人寒暄,以示友好。二是到达会客厅后,应及时为客人泡好茶水。三是走出会客厅时,关门应点头示意,轻轻关上门。

3.礼貌送客

"出迎三步,身送七步",客人提出告辞,文秘应起身相送并帮忙取衣物、办公文件等,起身离开时注意检查东西是否拿完。如遇下雨,文秘还需为客人打伞等,等到客人或者客人乘坐车辆离开文秘视线后,方可返回。

4.保守秘密

在办公室,文秘不能随意向客人透漏公司的秘密,当客人提及时应当委婉提出,如,"这个问题,我认为××能给您更全面的信息"。离开自己的位置,记得把相关文书或者资料收好,防止信息泄露。

(三)接待工作的准备

1.接待硬件准备

硬件准备指的是接待场所应当美观、整洁、安静,茶具、文具、话筒等设施设备齐全。如果是大型接待,应当悬挂横幅或指示牌,以示欢迎。

2.接待软件准备

软件准备指的是接待室的文化展示、办公人员的接待态度与礼貌素养、来访人员信息等。文秘应当提前了解来访人员的基本信息,拟定好接待方案以及制订活动日程表、安排交通接送,保障接待工作有序进行。

二、办公电话的接打和挂断

进行电话沟通,是文秘上传下达、内外沟通、左右联系的重要方法,礼貌、准确、高效地接打电话是文秘的一项重要业务技能。

（一）拨打电话的原则和要求

1."三分钟"原则

一般商务性通话应言简意赅，简洁明了。如果是通知类电话，则不要超过3分钟，不能用电话闲聊或者谈及机密内容。

2.通话前准备充分

为提高通话效率，文秘在拨打电话前应当拟好腹稿或打印稿，讲明5"W"1"H"，即谁（Who）、什么时候（When）、在哪里（Where）、做什么（What）、为什么（Why）、怎么做（How）。拿起话筒前清清嗓子，吐字清晰，自报家门，保持轻松、礼貌、友好的口吻，切记趴在桌面打电话。

3.填写通话记录

关于重要通话，文秘一定要填写通话记录备案。

（二）接听电话的原则和要求

1."铃响不过三"原则

一般，电话铃声响到第二声时接听为宜，第一声接听会让对方感觉有点唐突，超过三声之后再接听则容易使对方的心情产生波动。如超过三声后接听应，致以歉意，可以说"不好意思，让您久等了"等话语。

2.自报家门

接听电话应养成自报家门的习惯，可以说"您好，×××公司办公室，我是×××，有什么可以帮到您"，避免沟通不畅，延误时间。

3.左手拿听筒，右手做记录

电话应该放置在办公桌左边，便于右手进行记录。接听电话时应当及时给予对方回应，专心记录，重要信息复述，不要三心二意。文秘要做好记录并领会对方的意图，及时请示领导，不能擅自给予答复。表2-2-1为来电记录登记表。

来电记录登记表　　　　　　　　　表2-2-1

来电人		电话号码	
来电时间		来电单位	
内容摘要			
处理结果			
记录人			

（三）挂断电话的原则

1.礼貌挂断

双方通话都结束后，应当以"好的，谢谢，再见"等为结束语，再轻轻挂断电话，不能等对方话未说完就重重挂断。接到推销的电话，也应当礼貌拒绝，时刻注重维护公司的良好形象。

2.地位高者先挂
通话结束一般是主叫方先放下电话,在办公场合遵循"地位高者先挂断"的原则。
3.拨打后,对方立即挂断则不宜再打
如拨打对方电话,对方立即挂断很可能是因为不方便接听,此时应当耐心等待对方的应答或者发短信告知。

三、安排差旅事宜

帮助领导安排差旅事宜,推进各项工作进程是文秘比较重要的工作也是文秘参谋职能的重要体现。领导外出时,文秘也要按照要求处理各项邮件,但要及时和领导沟通汇报,待领导出差回到办公室后再请他逐一批阅。

(一)填写出差申请

领导确定出差时间和具体事宜后,需要办理相关的手续。第一部分就是出差申请,文秘需要填写《×××(单位)出差申请单》(表2-2-2),写明出差事由、地点、时间、人员,按照"部门主管签字——主管领导签字——财务主管签字"审批流程,逐一进行。

×××(单位)出差申请单　　　　　　表2-2-2

申请部门		出差申请人	
出差事由			
同行人			
出差地点及单位			
预计出差时间	自　年　月　日起至　年　月　日止		
出差交通工具	□汽车　□火车　□动车/高铁　□飞机　□轮船　□学校派车		
所在部门审核		相关职能部门审批	
分管领导审批			
备注			

注:外出参加会议、考察学习需另附文件或通知。

(二)制订考察计划

考察计划一般包括日期、时间、地点、交通工具、具体事项、备注等内容,安排需要比较仔细。行程安排表如表2-2-3所示。

×××行程安排表　　　　　　表2-2-3

日　期	时　间	交通车次	地点	行程内容	备　注
4月2日(周一)	7:00~8:00	单位派车	机场	单位到机场	提前20分钟集合
4月2日(周一)	9:30~12:30	深圳航空××× (航班号)	北京	机场到××酒店	

续上表

日　　期	时　　间	交通车次	地　　点	行程内容	备　　注
4月2日(周一)	12:30~13:00		酒店餐厅	共进午餐	
4月2日(周一)	15:00~17:00		××单位	参观、交流	
……					

(三)预定交通、住宿事宜

每个单位对差旅费用、交通和食宿都制定相应的规定,文秘在预定的时候要提前了解,以免影响后续的报账。

(四)联络对方单位

外出考察一般需要提前和对方取得联系,就交流、考察的内容进行具体接洽,这一部分的工作,文秘需要进行深入的沟通和了解。提前沟通联络是保证交流学习取得实效的重要保证。

(五)出差注意事项

出差在外需要考虑的因素较多。一是出差所需的资料和文件,如合同、领导讲话提纲、工程图纸、笔记本电脑、对方单位的相关资料等;二是文秘还要提醒随行人员携带好身份证、钱包、手机、信用卡等物品;三是民族禁忌、天气等因素。

四、公务费用报销手续办理

本部门领导或同事出差费用以及办公费用支出报销工作通常由文秘办理。文秘应当掌握一定的财务知识,熟悉各类费用报销手续及流程也是保障费用能顺利报销的前提。

(一)办理报销手续的要点

(1)熟悉各项票务的办理。文秘要熟悉信用卡、公务卡、旅行支票的办理方法。企事业单位人员出差过程中产生的费用大都需要刷公务卡才能报销,文秘应当注意该问题。

(2)向领导递送报销单据时,应附上相关文件资料并告知报销的相关事宜。

(3)严格按照相关规定履行报销手续,报账要及时。

(二)办理报销手续的流程

1. 报销单据整理张贴

包括差旅费、电话费、办公费、低值易耗品、业务招待费、培训费、资料费等。报销人员根据单位费用报销制度要求,整理好需要报销的发票或单据,并进行整齐粘贴。

2. 填写《报销申请单》

《报销申请单》不得用铅笔或红色字体的笔填写,并附上相关的报销发票或单据。

3. 分管领导审核

分管领导需要审核费用产生的真实性、合理性和规范性。

4. 主要负责人审批签字

负责人再次复核,知晓该项费用的支出。

5. 出纳人员审核报销

出纳人员应当及时报销,将该费用退还到相应账户中。

图 2-2-1、图 2-2-2 为公务费用报销常用到的表格范例。

费用报销单

部门 _____   报销日期   年 月 日   附件   张

费用项目	类别	金额	负责人(签章)		
			审查意见		
			报销人(签章)		
报销金额合计			¥		
核实金额(大写)	拾 万 仟 佰 拾 元 角 分			¥ _____	
借款数		应退金额		应补金额	

主管   会计   总务   制表

图 2-2-1 费用报销单

差旅费用报销单

报销日期: 年 月 日   编号 _____

部门: _____

出差人		出差事由					项目名称				
出发			到达			人数	交通		出差补助		其他费用金额
月 日	时	地点	月 日	时	地点		工具	金额	天数	补助标准	金额	住宿费用	市内交通			合计

(表格多行数据空白)

合计

报销总额	人民币(大写)	¥ _____	预借金额 ¥ _____
			退/补金额 ¥ _____
附单据张数合计(对应上方的项目)	城际交通:	其他:	

领导批示   部门主管   财务主管   会计   出纳   领款人

图 2-2-2 差旅费用报销单

任务分析

作为办公室的文秘,小罗的电话礼仪存在几点不足:
(1)按照"铃响不过三"的原则,小罗应当及时接听电话。

（2）没有注意电话礼貌用语，也没有耐心询问对方是何人，如果是重要客户，容易给公司带来巨大损失。

（3）接听完电话，没有及时登记来电信息和事由。

 任务训练

1. 情境模拟

2人一组，扮演小罗和来电者接打电话的情景，并相互进行点评。

2. 训练要求

接电话步骤完整，遵守电话礼仪，使用礼貌用语，阐述事由完整。

任务训练自评表

分数区间	80~100分	60~79分	59分及以下
以小组为单位评分（100分）	接打电话步骤完整、遵守电话礼仪、阐述事由表达清晰、电话记录完整	接打电话步骤完整、基本遵守电话礼仪、阐述事由表达不够清晰、电话记录基本完整	接打电话步骤不完整、不遵守电话礼仪、阐述事由表达错漏较多、无电话记录

任务3　资产采购与库存管理

任务目标

知识目标
1. 了解办公资产的分类和采购方法。
2. 熟悉办公资产的发放和库存管理方法。

能力目标
1. 能够制订合理的办公资产采购计划。
2. 能够对办公资产、办公设施设备及库存进行有效管理。

工匠精神目标
培养精益求精的品质精神。

任务布置

小罗是某汽车销售公司项目部的资料员,主要负责工程资料的收集和办公用品的管理工作。为规范办公用品的采购、发放,项目经理让小罗制定一份办公用品的管理流程。

假如你是小罗,应该从哪些方面着手?

知识链接

对办公资产进行采购和规范库存管理是文秘处理日常办公事务的一项重要工作。文秘制订合理的计划、采购、发放及库存管理办法,有助于节约办公经费开支,避免物品积压和短缺,保证办公的正常运行。

一、办公资产的分类

(一)固定资产

指使用期限超过1年,单位价值在2000元以上的房屋建筑物、机器、机械、运输工具以及其他有关的设备、工具等。中小企业可根据自己企业的情况,适当降低标准。比如,购置一台复印机,价值1200元,大型企业按低值易耗品处理,中小企业可作为固定资产处理。

(二)办公用品

主要包括日常办公易耗品以及办公自动化易耗品。日常办公易耗品主要为笔、纸、订书机、胶水、夹子、印泥等。办公自动化易耗品主要为打印用纸、色带、墨盒、光盘以及硒鼓等。

本节重点介绍办公资产的采购、发放和管理。

二、办公资产的采购

(一)办公资产的采购原则

1. 计划合理,提前审批

文秘根据各个科室的使用情况以及库存情况制订合理的购置计划,报上级领导审批,再进行统一购置;大型办公资产或设施设备,则应由相关科室提出书面申请,经主管领导审批后,专门购置。文秘不能擅自做主。

2. 询价议价,货比三家

文秘应当严把质量关,在购置物品时进行调查和研究,进行多方对比,就质量、价格、供货渠道等进行比较,采购质优价廉的办公物品。

3. 手续齐全,资料完整

完善索证制度,接收到办公用品后文秘应及时清点和核实,做好入库登记,确保订货清单和发票齐全,数目清晰。

(二)制订采购计划

日常办公耗材一般以年度或季度为单位进行批量采购,文秘负责收集各部门递交的采购申请表(表2-3-1)。收集整理完毕后,文秘将整个公司的采购清单(表2-3-2)交财务负责人和上级领导审批,经批准后方可购买。

办公用品采购申请表　　　　　　　　　　　　　　　表2-3-1

申请部门				申请日期		
序　号	物品名称	数　量	单　价	申购原因	用　途	申请人
1						
2						
3						
……						
合计(小写)		大写				
部门主管		财务主管		主管领导		

办公用品采购清单　　　　　　　　　　　　　　　表2-3-2

序　号	物品名称	型号和参数	单　位	单　价	数　量	合　计
1						
2						
3						
……						
部门主管		财务主管		主管领导		

三、办公资产的管理和发放

(一)办公资产的管理

办公资产的管理主要为日常办公用品管理以及固定资产的管理。日常办公用品统一由文秘根据实际使用情况购买和管理,文秘要对每一件入库物品进行登记,固定资产应进行相应的编号并有配套的管理办法。

1.办公用品管理原则

办公用品的管理应当注意以下三个方面。首先,分门别类,标识清晰。入库分类时应当将纸质类、液体类、固体类办公物品进行区分,分别放入标识清晰的存储柜中,以便查找。其次,码放整齐,便于存取。一般来说,体积大、分量重的物品放置于存储柜下方,小件、常用物品放在比较便于领取的位置。新入库的物品一般放置在旧物的下面,防止过期和堆积。最后,保持通风干燥,注意防火、防盗、防潮。办公用品应当有专用的存储室,文秘要加强安全管理,及时排查安全隐患,保持存储室通风、干燥、明亮。

2.固定资产管理原则

固定资产涉及金额较大,应当注意三个方面的问题。首先,设定固定资产台账,建立固定资产卡片。通常按照"代码/顺序号/购买日期"对资产进行编号。其次,固定资产转移应当填写移交申请单据,办理移交手续。最后,当固定资产没有使用价值后,应当由使用部门提出书面申请,递交《固定资产报废申请表》,办理报废手续。文秘应及时对各项资料进行存档。

(二)办公用品的发放

文秘要合理控制办公用品的发放,制订办公用品或固定资产领用登记表(表2-3-3),建立领用审批制度并严格执行,避免流失和浪费。

办公用品(固定资产)领用登记表　　　　表2-3-3

序 号	品 名	规 格	数 量	单 位	时 间	用 途	签 名
1							
2							
3							
……							

四、办公资产的库存管理

因存储室空间有限,为合理利用办公经费和节约空间,文秘通常要填写入库表、出库表以及库存表,掌握办公资产的库存情况以便于及时增补,以满足公司的办公用品需求。办公资产库存管理有如下要求:

(1)及时办理入库登记。准确、清晰、完整登记入库的货品、数量等信息。

(2)库存信息一致。即入库、出库以及库存三者的信息一致,衔接有序,避免账目混乱。

(3)定期清点、核验。文秘应定期对库存信息、资料进行清点,保证原始记录、库存量数据完整和真实。

 ## 任务分析

办公用品的采购和管理涉及公司的每个部门和各个环节,因此,小罗在制定办公用品管理办法时应当从以下三点考虑:

(1)制订采购计划前应充分了解公司各类办公用品的使用需求,督促各部门上交采购计划,汇总后报领导审批。

(2)采购环节要货比三家,选择性价比高、质量优良、售后服务齐全的物品。

(3)出库、入库信息要及时整理,保证账目清晰。

 ## 任务训练

1.训练内容

请以季度为单位,制作一份办公用品采购计划表,发到各个部门。

2.训练要求

(1)表格基本信息完整,要素齐全。

(2)每位学生提交一份完整的办公用品采购计划表。

(3)表格采用打印版,注意排版。

任务训练自评表

分数区间	80~100分	60~79分	59分及以下
以学生为单位评分（100分）	在教师指定时间内完成训练并提交表格;表格信息完整,要素齐全;提交的表格为打印件,版面干净整齐	在教师指定时间内完成训练并提交表格;表格信息基本完整,要素基本齐全;提交的表格为打印件,版面干净整齐	未能在教师指定时间内完成训练并提交表格;缺交为0分。表格信息和要素错漏较多;提交的表格非打印件,版面涂改混乱

任务 4　工程项目跟进

 任务目标

知识目标
1. 了解工程项目的主要办公流程。
2. 熟悉各工程实施阶段需要准备的材料。

能力目标
1. 能够协助项目经理对项目推进的各个环节进行综合管理。
2. 学会收集、整理、存档项目各个阶段的资料。

工匠精神目标
培养精益求精的品质精神。

 任务布置

项目竣工后,小罗应项目经理要求,整理工程项目前期准备阶段、实施阶段、验收交接阶段的资料,归档成册。项目验收会涉及哪些材料?步骤有哪些?

 知识链接

在项目施工的过程中会产生各种施工资料,施工资料的整理和归类、人员的配置、各项数据的统计、台账整理、与监理方的沟通交流等工作一般由工程资料员或工程项目文秘负责。对工程前期准备阶段、实施阶段、验收交接阶段施工资料的整理和收集,充分体现了文秘的参谋助手职能。

一、收集工程资料原则

(一)及时参与

施工单位文件资料的收集、管理工作必需纳入整个工程项目管理的全过程,文秘应了解施工动态,及时准确地掌握工程施工管理方面的全部信息,便于施工资料的及时收集、整理和核对。

(二)保持同步

资料的收集工作与工程施工的每一道工序密切相关,必须与工程的施工同步进行,以保证文件资料的准确性和时效性。

(三)认真把关

文秘与项目经理、施工技术负责人密切配合,严把文件质量关。

二、跟进项目人员配置

在土木施工类企业,人员流动性大、员工素质参差不齐,为保证项目人员的有效配置和合理监管,文秘要及时跟进项目人员的配置。

(一)合理制订人员配置计划表

文秘应熟悉工程施工项目人员配备标准,根据工程的大小合理配置人员,并收集岗位人员的基本信息,登记在册。

(二)制定岗位人员管理规章制度

拟定岗位的任职条件和岗位职责,制定完善的管理制度,同时协助其他人员开展招聘工作。

(三)核实岗位负责人的任职条件

例如,从业人员是否取得相应职业证书,是否符合国家相关法律法规的要求等。

三、制订工程项目进度表

工程项目进度表是进度控制的依据,是实现工程项目工期目标的保证。文秘需要配合项目经理在不同阶段制订各种层次的进度计划,需要不断监控项目进度并根据实际情况及时进行调整。根据时间的长短,进度表可分为每日进度表(表2-4-1)和月度进度表(表2-4-2)。填写完毕后,及时整理汇报。

×××项目施工每日进度表　　　　　　表2-4-1

填表单位:×××项目经理部×××工区　　　　　　填表日期:

天气:

序号	项　目	单位	当日完成	开累完成	施工机械(台套)						施工人员(人)		备注
					自卸车	推土机	装载机	挖掘机	钻眼机	……	爆破班组	土方班组	
1	雷管	发											
2	炸药	千克											
3	炮孔成孔	个											
4	爆破(土/石)	立方米											
5	挖方(土/石)	立方米											
6	运输(土/石)	立方米											
7	填方(土/石)	立方米											
8	弃方(土/石)	立方米											

×××项目施工月度进度表 表 2-4-2

工期	所需月数	2017 年				2018 年			
		1	2	3	……	1	2	3	……
前期工程（报批、报建）									
基本设施工程（三通）									
主体工程									
设备安装									
室内外装修工程									
竣工验收									

四、安排会签

会签是指联合发文时，由各发文机关的领导共同签署文件。在工程项目开工、验收、竣工阶段需要甲方、监理方以及施工方签署各项意见，文秘在安排会签时要注意保留三方会签的原始记录，及时整理汇报。会签单如表 2-4-3 所示。

××会签单 表 2-4-3

××会签单 文件编号：			
送审单位		送审日期	
文件名称	1.	承办人	
	2.	联系方式	
事由			
		主办单位负责人： 年 月 日	

续上表

会签部门	会签意见
	负责人： 年　月　日
	负责人： 年　月　日
	负责人： 年　月　日
备注	

五、建立资料收集台账

文秘在工程项目实施的前期准备阶段、实施阶段和验收交接阶段都需要建立资料收集台账，不同阶段收集的内容有所不同。

(一)项目前期准备阶段要建立的台账

规划许可证、招标文件、投标文件、中标通知书、地质勘察报告、施工合同、施工许可证、报质监和安监的回执、施工单位营业执照和资质证书、施工单位安全生产许可证、项目经理等管理人员资质证书等。

(二)项目实施阶段需要建立的台账

各项工程验收质量报告、各项试验报告、部分产品合格证资料、施工过程资料、必要时应增补的资料等。

(三)项目验收交接阶段需要建立的台账

施工单位工程竣工报告、监理单位工程竣工质量评价报告、勘察单位勘察文件及实施情况检查报告、设计单位设计文件及实施情况检查报告、建设工程质量竣工验收意见书或单位(子单位)工程质量竣工验收记录、竣工验收存在问题整改通知书等。

六、工程图纸管理

图纸分为三类，分别是方案图、施工图、竣工图。

(一)工程图纸印制和分发

文秘协助制订统一的工程图纸，图纸标题栏应包括名称、材料、设计人、制图人、图号、日期等信息，领导审批后批量印制。文秘将审批后的图纸原件存档并登记在《图纸总目录表》中。文秘部门再根据各个部门的实际需求分发，领用部门需填写《图纸领用登记表》。

(二)工程图纸的使用要求

画图者应保持图纸的干净、整洁，不能随意涂改。文秘在核对图纸时也应仔细查看，防止错漏。

（三）工程图纸的折叠方法

部分工程图纸比较大，图纸折叠前要按裁图线裁剪整齐，折叠后的图纸幅面一般应有A4（210mm×297mm）或A3（420mm×297mm）的规格。无论采用何种折叠方法，折叠后复制图上的标题栏均应露在外面。文秘在折叠图纸时需严格按照要求进行折叠。

（四）图纸的存档要求

工程图纸的存储对空间、温度、湿度、光线等都有较严格的控制和要求，应当有专门的档案室对图纸、项目光盘进行存储。

文秘在对图纸进行存档时要做到以下几点：

（1）组卷合理，分类科学，卷内文件排列有逻辑性。按照日期、问题的重要程度、因果关系进行排序。

（2）卷内文件编号、案卷封面与脊背的编制以及卷内目录的编制要遵循编制要求。

（3）信息完整无误。立卷单位、起止日期、保管期限、密级、序号等信息完整，无错漏。

（4）档案盒要求。档案盒应采用无酸纸制作，每个项目的档案盒规格和样式统一。

小罗在资料归档的过程中应该做到：

（1）分门别类，做好文件材料的收集工作。

（2）案卷各项内容清晰、无误，案卷目录规范统一，便于检索。

（3）图纸的保存和折叠方法要符合规范。

1.训练内容

以小组为单位，完成职场情境演示，小组成员分别扮演项目验收方（具体人物自拟）、项目承建方（具体人物自拟）、承建方文秘小罗。

2.训练要求

每个小组在指定时间内完成情境演示；表达清晰，验收流程完整。

任务训练自评表

分数区间	80~100分	60~79分	59分及以下
以小组为单位评分（100分）	情境模拟演示中人物角色分配合理，场景分工明确，道具完整，验收流程完整，突出验收过程中文秘的重要性	情境模拟演示中人物角色分配基本合理，情境符合逻辑，表达基本顺畅，验收流程基本完整，体现文秘的作用	情境模拟演示中角色分工不明确，情节不完整，验收流程缺失严重，文秘职能没有体现

模块提升训练

一、填空题

1. 接待工作的原则有_____、_____、_____、_____。
2. 办公电话响_____声之前接为宜。
3. 出差申请需要经过_____、_____、_____三项审批流程。
4. 安排差旅事宜有_____、_____、_____、_____、_____五项流程。
5. 接待从是否预约来看,分为_____和_____。

二、判断题

(　　)1.文秘的主要职责是为领导和上司服务,所以,办公室的环境、安全不需要过多参与管理。

(　　)2.具有丰富经验的文秘在处理一些日常事务,如出差事宜、会议时间和地点的选择可以不需经过领导同意,自己便可决定。

(　　)3.制订时间计划表,区分工作的轻重缓急,可以提高文秘的工作效率。

(　　)4.节假日值班期间,文秘或者值班人员可以拆封投递到各个部门的信件,以便于及时查看和报告。

(　　)5.对于没有预约就前来拜访的客人,文秘应当让门卫拒之门外,以免影响其他人员的正常工作。

(　　)6.为节约时间,最高领导出差可以不履行出差相关手续。

(　　)7.出差在外,文秘除了要安排好行程和住宿,还需提醒随行人员天气、安全、民俗禁忌等要求。

(　　)8.文秘置办办公用品应当提前做好计划并货比三家,选取质量优良、价格实惠的物品。

(　　)9.文秘在工程项目实施的前期准备阶段、实施阶段和验收交接阶段都需要建立资料收集台账,以便备查。

三、单项选择题

1. 文秘对办公室的环境管理不包括(　　)。
   A.人员着装　　　　B.温湿度　　　　C.光线　　　　D.空气
2. 文秘在工作中不适当地占用了领导的时间,是因为(　　)。

A.没有形成自己的工作习惯和风格　　　　　B.没有了解工作流程

C.没有遵循单位的规定　　　　　　　　　　D.没有了解领导的工作习惯和风格

3.值班管理工作是文秘的(　　)。

　　A.特殊工作　　　　B.临时性工作　　　C.突击性工作　　　D.常规性工作

4.文秘制订值班表需要考虑的问题不包括(　　)。

　　A.确定值班人员　　　　　　　　　　　B.编制值班安排表

　　C.不需要强调值班纪律　　　　　　　　D.收假后及时和领导汇报

5.文秘在前台进行接待工作的原则不包括(　　)。

　　A.热情迎客　　　　B.礼貌待客　　　　C.保守秘密　　　　D.分级别对待

6.以下哪项不是文秘正确拨打电话的要求(　　)。

　　A.不填写通话记录　　　　　　　　　　B.内容表述清晰

　　C.言简意赅　　　　　　　　　　　　　D.通话前准备充分

7.关于出差事宜,下列表述正确的是(　　)。

　　A.不需要每次都填写出差申请单

　　B.文秘应提前准备好出差需携带的物品并提醒其他随行人员

　　C.为保证考察的真实性,不需要提前与接待方联系

　　D.部门领导出差不需要考虑住宿和交通经费问题

8.以下关于办公用品管理错误的是(　　)。

　　A.分门别类放置,标识清晰完整

　　B.体积大、分量重的物品放置在储物柜顶,以便节约空间

　　C.保持通风干燥,注意防火、防盗、防潮

　　D.固体类和液体类物品不应该放置在一起

9.关于工程图纸的管理和使用,下列表述正确的是(　　)。

　　A.图纸标题栏应包括名称、材料、设计人、制图人、图号、日期等信息,领导审批后批量印制

　　B.图纸可以随意领取

　　C.为节约图纸,可以在原图纸上更改和涂抹

　　D.工程图纸可以放在办公桌桌面或者墙角储存

四、简答题

1.领导因临时公务会议出差,出差前后,文秘需要做哪些工作?

2.办公用品管理原则包括哪些?

3.接听电话的原则和要求有哪些?

模块3
工程文秘办会技能

模块概况：本模块主要阐述了会议的含义、构成要素、类别等知识。本项目重点介绍文秘办会的流程和准备、掌握会中服务与管理的要点、熟悉会后工作内容和服务技巧，学会制作、发放和管理会议文书工作。了解各个工作环节的要求，旨在训练文秘掌握会议组织和服务能力，保证会议会务工作高质、高效完成。

任务1 会议筹备

任务目标

知识目标

1. 了解会议的含义、构成要素、类别。
2. 熟悉会议筹备各个工作环节内容。

能力目标

在工程文秘岗位中具备会议组织、筹备的能力。

工匠精神目标

具备协作共进的团队精神。

任务布置

某建材公司准备在桂林市工业大厦召开2019年新产品订货会,会期一天。与会人员有本公司相关人员、全国各经销商。总经理让文秘小罗拟定《2019年××建材公司新品订货会日程表》。小罗一筹莫展:会议应该如何安排?如何制订日程表呢?

知识链接

一、会议概述

(一)会议的含义

从词义上看,"会"是聚合、汇集;"议"是商议、谈论。人们通过会议交流信息、集思广益、研究问题、做出决定、部署和检查工作等,从而推动社会的不断发展。

通常,召开会议需要一定的时间,在一定的地点,正式的会议还要冠以能反映会议内容、性质、人员、时间、地点等完整而确切的名称。会议通常有两种含义,一是指有组织有领导地商议事情的集会,比如全国人民代表大会、党政联席会、总经理办公会等;二是指一种经常商议并处理重要事务的常设机构或组织,比如中国人民政治协商会议等。

(二)会议的构成要素

会议的构成要素一般分为两大类,即基本要素和其他要素。

1.会议基本要素

会议基本要素即所有会议必须具备要素,包括会议名称、时间、地点、主题、议题、组织者、与会者、议程、日程等。

2.会议其他要素

会议其他要素即可供选择的、并非所有会议必须具备的要素,包括会议服务机构、文秘机构、经费、文件资料、专用设备工具等。

二、会议的类别

(一)按会议规模分

(1)大型会议:千人乃至数千人参加的会议,如政治和群团组织的全国性大会,一些庆祝大会、纪念大会等。

(2)中型会议:百人至数百人参加的会议,如报告会、庆功会、经验交流会等。

(3)小型会议:少则几人,多则几十人,如座谈会、办公会、现场会等。

(二)按会议性质分

(1)规定性会议:指依法必须召开的,具有法律效力的会议,如各级人民代表大会。

(2)决策性会议:指各级政府的常务会议,省长、市长、县长的办公会议,企业中厂长经理办公会等。

(3)专业性会议:这类会议具有极明显的专业性,多以各部门名义召开,如教育工作会议、金融工作会议、人事工作会议等。

(4)动员性会议:这类会议以宣传动员群众,提高群众认识为目的,如征兵动员会。

(5)纪念性会议:纪念重大事件或重要人物的会议,如纪念马克思诞辰200周年大会。

(6)外事性会议:指与外宾会谈、与外商谈判的会议等。

(7)综合性会议:这类会议多以各级办公室名义召开,讨论和研究各种问题。

(三)按会议时间分

(1)常规型定期会议:如学会年会、机关办公例会。

(2)非常规型不定期会议:指需要临时召开的会议或处理紧急突发事件而临时召开的会议,如防汛工作紧急会、抗震救灾紧急会等。

(四)按会议采用的媒介分

(1)电话会议:即通过公共通信系统或专用通信系统提供的电话会议功能,使多个会场实现异地语音交流的会议形式。

(2)电视会议:即运用远程数字传输系统,声音和图像在不同地区的多个会场之间相互联通,使相隔千里的各分会场如同在同一会场内很方便地传输文字、图像和语音信息的会议形式。

(3)计算机会议:计算机和数字传输设备在网络支持下可实现非常灵活的网上多方对话。这种网络上多方对话的会议形式,同时也是计算机网络技术支持下的会议组织和管理的新形式。

三、会务工作流程

(一) 会前

确定会议主题与议题→确定会议名称→确定会议规模与规格→明确会议组织机构→明确会议所需设备和工具→确定会议时间与会期→确定与会者名单→选择会议地点→安排会议议程和日程→制发会议通知→安排食住行→准备会议文件材料→制作会议证件→制订会议经费预算方案→布置会场→会场检查。

(二) 会中

报到及接待工作→组织签到→会议记录→编写会议简报或快报→做好会议保密工作→做好会议后勤保障工作。

(三) 会后

安排与会人员离会→撰写会议纪要→会议的宣传报道→会议文件的立卷归档→催办与反馈工作→会议总结。

四、会议前的准备

(一) 确定会议主题和议题

会议主题是指关于会议要研究的问题、达到的目的。确定主题的主要方法：一是要有切实的依据；二是必须要结合本单位的实际；三是要有明确的目的。议题是对会议主题的细化。

(二) 确定会议名称

会议名称要拟得妥当，名实相符。会议名称不宜太长，但也不能乱简化。会议名称一般由单位和内容两个要素构成，如"中国共产党第十九次全国代表大会"，其中"中国共产党"即组织名称，也可称单位，"第十九次全国代表大会"即会议内容。有的会议名称由单位、时间、会议内容构成，如"广东省人民政府办公厅(单位)2018年(时间)总结表彰(会议内容)大会"。有的会议名称由时间、会议内容和会议类型构成，如"2017年(时间)浙江省公路春运票价(会议内容)听证会(会议类型)"。会议名称要用确切、规范的文字表达。同时，有些会议的名称是固定的，如董事会等；有些会议名称是不固定的，应根据会议的议题或主题来确定。有的会议名称中还可以包括范围等因素，如"天地公司2018年全体员工总结大会"。

(三) 确定会议议程和日程

1.会议议程

会议议程是对会议所要通过的文件、所要解决的问题的概略安排，并冠以序号将其清晰地表达出来。它是为完成议题而做出的顺序计划，即会议所要讨论、解决的问题的大致安排，会议主持人要根据议程主持会议。拟定会议议程是文秘的任务，通常由文秘拟写议程草稿，交领导批准后，在会前复印及分发给所有与会者。会议议程是会议内容的概略安排，它通过会议日程具体地显示出来。

2.会议日程

会议日程是指会议在一定时间内的具体安排。一般采用简短文字或表格形式，将会议

时间分别固定在上午、下午、晚上3个单元里,使人一目了然,如有说明可附于表后。会议日程需在会前发给与会者。会议日程是根据议程逐日编写的具体安排,它以天为单位,包括会议全程的各项活动,它是与会者安排个人时间的依据。会议日程表的制订要明确具体,准确无误。

3.安排会议议程和日程需要注意的问题

(1)要把握会议目的,先安排关键人物的时间,从而保证重要人物能够出席,然后根据多数人意见安排日程,保证尽可能多的人员都有时间参加会议。

(2)如遇几个议题,应按其重要程度排列,最重要的排在最前面。

(3)尽量保证在最佳时间开会,上午8:00~11:30,下午3:00~5:30是人们精力最旺盛、思维能力与记忆力最佳的时间段。所以,安排会议议程和日程要注意,全体会议应安排在上午,分组讨论可安排在下午,晚上则安排一些文娱活动。具体示例如表3-1-1所示。

【示例】

第八届全国环境工程领域教育工作研讨会会议日程   表3-1-1

日 期	时 间	内 容	地 点
10月20日	8:00~24:00	会议报到	磁湖山庄1号楼大厅
	18:00~20:00	晚宴	磁湖山庄1号楼澄月厅
10月21日上午	8:20~8:50	乘车前往湖北理工学院参观校园	磁湖山庄1号楼门口
	9:00~9:30	大会开幕式	湖北理工学院豁度楼208
	9:30~10:00	合影	
	10:00~11:40	大会报告	湖北理工学院豁度楼208
10月21日中午	11:40~12:10	乘车前往磁湖山庄	湖北理工学院豁度楼门口
	12:10~14:00	自助午餐	磁湖山庄湖畔咖啡厅
10月21日下午	14:00~15:40	分会报告	磁湖山庄圣湖厅(五号厅、六号厅、八号厅)
	15:40~16:00	茶歇	
	16:00~18:00	分会场讨论	磁湖山庄圣湖厅(五号厅、六号厅、八号厅)
10月21日晚上	18:00~19:30	自助晚餐	磁湖山庄
10月22日		参会代表返程	

4.大中型会议的议程一般安排

(1)开幕式,领导和来宾致辞。

(2)领导做报告。

(3)分组讨论。

(4)大会发言。

(5)参观或其他活动。

(6)会议总结,宣读决议。

(7)闭幕式。

(四)确定会议规模与规格

依据会议内容或主题,本着精简效能原则,确定会议规模和会议规格。会议规模分为大型、中型和小型,会议规格分为高档、中档和低档。

(五)确定与会人员名单

出席会议和列席会议的有关人员,应根据会议的性质、议题、任务来确定。

(六)确定会议的时间和地点

1.会议时间

(1)会议时间的三种含义:①指会议召开的时间;②指整个会议所需要的时间、天数;③指每次会议的时间限度。

(2)确定会议时间应考虑:①需要;②可能;③方便;④适宜。

(3)会议时间限度:据心理学家测定,成年人能集中精力的平均时间为45~60分钟,超过45分钟,人就容易精神分散,超过90分钟,会普遍感到疲倦。因此,每次会议时间最好不超过1小时。如果需要更长时间,应该安排中间休息。会议连续进行的最佳时间是3小时之内,超过这一限度,会议效果呈下降趋势。

2.会议地点

会议地点又称"会址",既是指会议召开的地区、城乡,又是指会议召开的具体会场。为了使会议取得预期效果,选择会议的最佳会址也得考虑多种因素。

(1)应根据不同的会议类型来选地点。

(2)应考虑交通便利,一般应选择距离领导和与会者的工作地点均较近的地方。

(3)会场的大小应与会议规模相符,一般来说,每人平均应有2~3平方米的活动空间,同时应考虑会议时间的长短,时间长的会议,场地空间可以大一些。

(4)场地要有良好的设备配置。

(5)场地应不受外界干扰,应尽量避开闹市区,会场内部也应具有良好的隔音设备,以保证会议能在安静的环境中顺利进行。

(6)应考虑有无停车场所和安全设施问题。

(7)场地租借的费用必须合理。

(七)确定会议所需设备和工具

1.会议必备用品

指各类会议都需要的用品和设备,包括文具、桌椅、茶具、扩音设备、照明设备、空调设备、投影和音像设备等。

2.会议特殊用品

指一些特殊类型的会议,例如谈判会议、庆典会议、展览会议等所需的特殊用品和设备。

(八)列出会议经费预算

1.文件资料费

包括文件资料的制作与印刷费、文件袋、证件票卡的制作与印刷费等开支。

2.邮电通信费

例如,发会议通知则会产生发传真或打电话进行联络等费用;如召开电视、电话等远程会议,则使用有关会议设备系统的费用也应计算在内。

3.会议设备和用品费

如各种会议设备的购置和租用费等。

4.会议场所租用费

如会议室、大会会场的租金,以及其他会议活动场所的租金等。

5.会议办公费

如会议所需办公用品的支出费用,会场布置等所需要的费用。

6.会议宣传交际费

如现场录像的费用,与有关协作各方交际的费用等。

7.会议住宿补贴费

一般情况下,住宿费是由与会人员自理一部分,由会议主办单位补贴一部分,也有主办单位全部承担的情况(如果无住宿安排,应明确与会人员住宿费用自理,则预算中可不列此项)。

8.会议伙食补贴

通常由主办单位对会议伙食补贴一部分,由与会人员承担一部分。

9.会议交通费

即参会人员交通往返的费用,如果由会议主办单位承担,则应列入预算。会议期间的各项活动如需使用车辆等交通工具,其费用也应列入预算。

10.其他开支

包括各种不可预见的临时性开支。

(九)确定会议住宿和餐饮安排

(十)确定筹备机构与人员分工

组建会务组、宣传组、文秘组、文件组、接待组、保卫组等。

(十一)印发会议通知

1.会议通知形式

(1)书面。

(2)电话。

(3)邮件。

2.会议通知内容:时间地点(含报到)+参加人员+会议内容+相关要求

(1)会议名称。

(2)会议目的。

(3)主要内容。

(4)会期。

(5)会址。

(6)与会人员。

(7)报到日期和地点。

(8)需携带的材料。

(9)个人支付的费用。

(10) 主办单位。

(11) 联系人姓名和电话等。

3. 发会议通知

(1) 及时，使与会人员能按时参加。

(2) 准确，防止重发、错发、漏发。

(十二) 进行全面的会前检查

会前检查是落实各项会议准备工作，保证开好会议的重要一步。重要会议在会前要反复检查。会前检查分为领导人听取大会筹备处各组汇报和现场检查两种方式，主要以后者为主。文秘要密切配合领导人的检查工作。检查的重点是会议文件材料的准备、会场布置和安全保卫工作等。大中型重要会议的会前检查还包括警卫部署、票证检验人员的定岗定位、交通指挥及主席台服务人员的就位等。

(十三) 布置会场

会场除了整洁、安静、明亮、通风、安全等要求之外，还应考虑座位布局、桌椅安排等布置。

1. 会场布置形式

(1) 较大型会场的座次安排。会场座位布局摆放可以有多种形式或形状，较大型的会场，一般安排在礼堂、会堂式体育场馆，其形式或形状基本固定。还可采取大小方形和半圆形，如图3-1-1a)、b)、c)所示。所谓大小方形是指适合于大型的代表会议、纪念性会议、布置工作会议等的座次安排形式；小方形中就座的是领导，大方形中就座的是与会者。

(2) 中小型会场的座次安排。一些中小型的办公会、专题会、研讨会一般在会议室、会议厅或临时设置的会客室进行，可摆放成方拱形、半月形、椭圆形、圆形、回字形、T字形、马蹄形和长方形等，如图3-1-1d)~图3-1-1l)所示。这些形式可使人员坐得比较紧凑，便于讨论和发言。

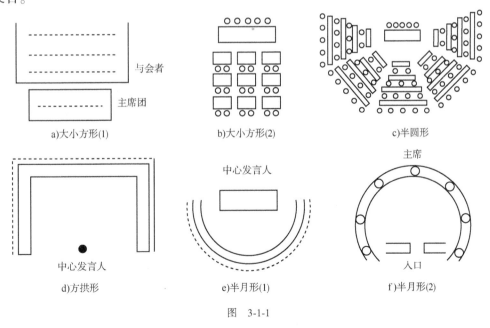

图 3-1-1

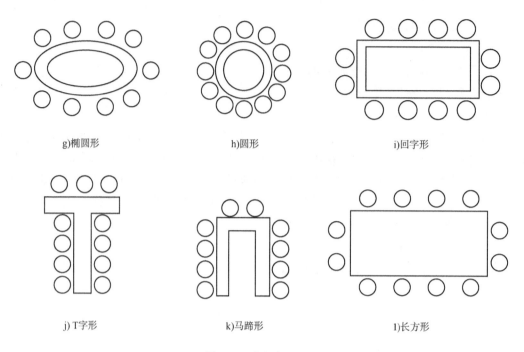

图 3-1-1 会场布置形式

主席台的座次安排,实际上就是参加会议的领导人次序的安排。这既是一项技术性工作,也是一个严肃的政治问题,文秘必须认真对待。

首先,要与有关领导一起商定主席台上就座人员的准确名单和身份排列顺序;然后,严格按名单安排座次。通常安排座次的做法是:身份最高的领导人就座于主席台前排的正中,其次是左位,再次为右位,按先左后右(以主席台的朝向为准)、左高右低,依此类推。如果主席台上就座的人数为偶数,则第一位领导人坐在第二位领导人的左侧,第三位领导人坐在第一位领导人的左侧。在席位前放置姓名牌,便于按位入座。

2.代表席座次

(1)横排法。这种排列方法是以参加会议人员的姓氏笔画或单位名称笔画为序,从左往右横向排列。选择这种方法时应注意,先排出会议的正式代表,后排出列席代表。

(2)竖排法。这种排列方法是按照各代表团或各单位成员的既定次序或姓氏笔画从前往后纵向依次排列。选择这种方法时应注意,将正式代表或成员排在前,职务高者排在前,列席成员、职务低者排在后。

(3)左右排列法。这种排列方法是以参加会议人员的姓氏笔画或单位名称笔画为序,以会场主席台中心为基点,向左右两边交错扩展排列座次。选择这种方法时应注意人数。如果一个代表团或一个单位的成员人数为单数,排在第一位的成员应居中,如果一个代表团或一个单位的成员人数是双数,那么排在第一、第二位的成员应居中,以保持两边人数的均衡。领导同志接见、照相时采用这种排列方法也是比较合适的。

任务分析

明确会议日程和会议议程的区别：

会议议程是一次会议活动顺序的总的安排，具有概括、明了的特点，更改的可能性小，凡是具有两项以上议题的会议，都应当制订议程。

会议日程是将各项会议活动(包括辅助活动)落实到单位时间的具体的安排。凡会期满一天的会议都应当制订会议日程；会议半天以内而且都是议题性活动的会议，只需制订议程，而不必制订日程。

 任务训练

每位学生根据"任务布置"的情境，制订会议日程表，不明确事宜可自拟。

任务训练自评表

分数区间	80~100分	60~79分	59分及以下
以学生为单位评分（100分）	在教师指定时间内提交表格；会议日程表元素完整，内容无误，无错别字；具备可操作性	在教师指定时间内提交表格；会议日程表元素基本完整，内容无误，错别字不多于5个；具备可操作性	在教师指定时间内提交表格；缺交者为0分。会议日程表元素不完整，内容错误较多，错别字多于5个；不具备可操作性

任务 2　会　议　进　行

 任务目标

知识目标

1.了解会议开展期间各项工作环节内容。
2.掌握会议接待、签到的方式。
3.掌握会议记录的方法。

能力目标

在工程文秘岗位中具备会议开展期间提供会场综合服务的能力。

工匠精神目标

具备协作共进的团队精神。

 任务布置

某工程有限公司将于下周举行第一次工地会议,会议在建设单位会议室召开,约30人参加会议。本次会务主管领导交代文秘小罗做好各施工单位与会人员会议签到工作。

小罗应该如何组织会议签到呢？

 知识链接

会议是否取得圆满成功,会前准备是基础,会中服务是关键。会议召开期间,文秘应做好各项会议服务工作。

会中服务的工作流程为:报到及接待工作→组织会议签到→分发会议文件和资料→做好会议记录→会场服务。

一、会务工作特点

服务性。会议期间,文秘的一切活动都是为了给会议提供方便,做好各项会议服务工作,保证会议顺利召开是文秘的职责。

事务性。会议期间的事务性工作较多,如值班、接电话、记录等,繁杂而琐碎。每一项事务性工作都与保证会议顺利进行有着直接的联系。

综合性。会议的内容十分广泛,要求文秘要掌握与之相关的知识和各种操作技能,并具有很好的综合能力。

时间性。会议有很强的时间性,处理每项工作都要有时间观念。

二、会议开展期间的服务工作

(一)报到与接待

(1)报到是参加会议者向会议组织者报告到达开会地点的一道程序。大型会议一般提前一天在驻地设立报到处,安排专人接待。

(2)接待与会者。文秘应热情接待与会者,除办理规定的报到手续外,还要主动耐心地向与会人员介绍会议的各项情况,帮助他们解决各种具体问题。

(二)组织会议签到

会议签到即与会者在会议活动的签到簿上签名。组织会议签到是一项重要的会务工作。会议签到是为了及时、准确地统计到会人数,便于安排会议工作。有些会议只有达到一定的人数时才能召开,否则会议通过的决议将无效。

会议签到的方式主要有簿式签到、证卡签到、会务人员代为签到、座次表签到、电脑签到等方式。

1.簿式签到

簿式签到是指与会人员到会时,在签到簿上面签上自己的姓名、单位、职务等内容,以示到会。簿式签到方式简便易行,但容易在会场门口形成拥挤现象,因此,比较适用于小型会议。

2.证卡签到

证卡签到分为两种:一种是将预先印制好的卡片(相当于入场券)提前发给与会者,入场时,交出一张即可;另一种是磁卡签到,即与会者进入会场时,手持事先领取的磁卡,送进电子签到机里,签到机即时将其姓名、号码等内容输入电脑,与会者入场完毕,签到情况便立即在电脑屏幕上显示出来。证卡签到方式适用于大型会议。

(三)分发会议文件和资料

会议文件的发放是会议的一项最基本的工作,许多大型会议要发放的文件特别多,包括论文集、日程、参会须知、礼品和资料包等,这就要求会务人员了解发放会议文件的基本要求,及时、准确地把会议文件发放到参会人员的手中。

会议文件的发放主要有以下两种形式。

1.会前发放

会前分发文件材料,可以在参会人员注册、签到时发放,或者由会务人员在会场入口处分发给参会人员,也可以在开会之前,按要求在每位参会人员的座位上摆放一份文件材料。

2.会中发放

会中发放的文件材料一般是会中讨论、交流产生的文件,或者是会前不便发放的机密文件。会中发放材料,会务组可以把会务人员分成小组,分别负责某种文件材料的发放和收回。

(四)做好会议记录

会议记录是会议实况的记载和反映。一份完整、简洁、条理清楚的会议记录,可以提供会议活动的原始信息,为形成会议的正式文件打好基础,为总结会议和传达会议精神提供依据。因此,做好会议记录,是文秘会议期间工作的一项重要任务。

会议记录一般由标题、基本情况、主体和记录者签字四个部分组成。

1.标题

会议记录的标题比较简单,结构是"会议名称+记录",如"××公司××××年××月××日第×次部门经理例会记录"。

2.基本情况

基本情况即会议记录的开头部分,要分项完整地记录会议的有关情况,包括时间、地点、主持人、参会人员、记录人、缺席人员和主要议题7个要素。

3.主体

主体是会议记录的核心内容,包括议题和发言记录。议题的记录要求文秘在开会之前对会议内容有所了解,以便在会前就在会议记录上写清楚。发言记录要求详细,记录方式可分为文字记录和配备录音设备记录两种,记录的内容主要包括主持人的引导语、领导人的报告、参会人员的发言、会议结语以及现场情况等。

4.记录者签字

会议记录完成后,记录者在落款处签名,然后送相关负责人审阅后才可以归档保存。

【示例】

工程部会议记录

会议时间:2016年4月14日10:00

会议地点:建设单位会议室

会议主持人:××(监理部经理)

参会人员:×××、×××、×××、×××、×××、×××

记录人:××(文秘)

缺席人员:无

主要议题:工作中加强安全意识,杜绝安全隐患

会议内容:

1.工作次序不连续,交接工作时应在交接本上写明交接内容、注意事项等。

2.在设备内工作时,应该在设备周围放好标识,提示别人设备里面有人施工,勿动设备。

3.工作中涉及强电的,必须提前通知强电组,等得到强电组的确认后才能继续进行;若还是不能确定施工区域是否有电,要用仪表测试,并穿戴相关防护用品。

4.使用具有腐蚀性化学品时,必须穿戴相关劳保用品。

5.工作中若需要使用电动工具,应该提前检查工具是否可以正常使用,是否有安全隐患,如升降机。

6.远离重型机械设备工作区,能绕行的尽量绕行,避免垂直交叉作业。

7.维修完设备之后要及时撤去设备周围的相关警示标志,不然其他员工认为此标志一直在这儿,标志已经失去警示作用,为以后维修设备埋下隐患。

会议于上午11:50结束。

记录人:××(签字)

(五)会场服务

1.准备茶水

会议规格较高的会议一般都有专业服务人员负责奉茶送水,会议规模较小或内部会议则大多由文秘或内部工作人员来完成。

2.摄影、摄像服务

会议不仅要留有文字性记录材料,还需要留有图片和声像材料,以备存档、留念。

3.会议设备服务

对于会议使用的音响、照明、通信、录音、录像、通风等设备,应有专人管理,出现问题要有人及时维修,避免会场上出现尴尬场面。在盛夏或寒冬开会,空调、通风等设备要特别注意,应使会场保持适宜的温度和流动的空气。

4.医疗卫生服务

大中型会议人员集中,活动频繁,要注意安排好卫生保健工作。一是配备必要的专职医护人员,二是要重视饮食环境卫生。

任务分析

会议签到是为了及时、准确地统计到会人数,便于安排会议工作。本次会议参会者约30人,属于小型会议。小罗在会议签到方式中应该选择簿式签到,利于保存,方便查找。会议签到表(表3-2-1)应该在会前准备好,同时,会议召开前,小罗要将签到表、签字笔摆放在签到台上。

会 议 签 到 表   表3-2-1

时间		地点		
会议主题				
序号	单位(部门)	姓名	职务	电话(手机)

 任务训练

1. 训练内容

分小组演练,小组成员选择1名同学担任文秘小罗,其他成员扮演与会者进行会议签到。

2. 训练时间

训练时间为5分钟。

3. 训练要求

(1)小组成员设计和准备会议签到表。

(2)分小组布置签到台。要注意签到台摆放的位置,既要位置醒目,又不能阻挡会议厅的大门和通道,方便参会人员签到、咨询。

(3)模拟会议报到和签到情境。

任务训练自评表

分数区间	80~100分	60~79分	59分及以下
以小组为单位评分（100分）	签到台摆放位置准确;提供会议签到表,签到表格式符合标准,组织与会者完成签到;全组成员在指定时间内完成训练任务	签到台摆放位置基本准确;提供会议签到表,签到表格式基本符合标准,能组织与会者完成签到;全组成员在指定时间内完成训练任务	签到台摆放位置摆放错误;无法提供会议签到表,签到表格式不标准,不能组织与会者完成签到;全组成员无法在指定时间内完成训练任务

任务3 会后总结

任务目标

知识目标
1. 了解会后总结各个工作环节的要求。
2. 掌握会议纪要的主要内容。
3. 掌握会议经费结算的方法。

能力目标
会议结束后,工程文秘应具备处理和完成系列会后工作的能力。

工匠精神目标
培养爱岗敬业的职业精神。

任务布置

某公司综合部将于2019年初租用××酒店会议室召开公司经营管理年度会议,会议主要是各部门经理讨论研究、贯彻、部署公司年度工作计划、方针和政策。综合部经理告知小罗,会议文件中《2018年度公司财务报告》属于公司商业机密资料,要妥善保管。

请问,小罗应该如何做好会议文件的清退工作呢?

知识链接

会议结束,并不意味着会务工作的完成。会务工作由会间服务转向会后工作阶段,文秘任务依然很繁重,会后系列工作还需要认真完成。

会后工作的流程是:安排与会人员离会→清理会场和文件→撰写会议纪要→会议决算→会议文书的立卷归档→会议总结。

一、安排参会人员离会

从参会人员报到到参会人员离开,会议主办方要做好服务工作,哪一个环节服务不到位都会影响会议的质量。大中型会议都需要由会务人员引导参会人员有秩序地退场,避免发生安全事故。

跨地区的会议要及时安排参会人员返回。应提前准备返程车、船、机票或送行的交通工具。住宿的应结清账目，不遗留带来的文件、物品等。会后的送行与会前的接待同样应该热情、周到。

二、清理会场和文件

（一）会场清理

会场清理有两种情况：如果会议是在本单位的会议室召开的，会务人员只需将会标、台卡等只针对本次会议的相关标志撤走，把会议室恢复原状即可。但是，如果会议是通过租赁会议室和设备召开的，清理工作就复杂得多。第一，还清借用、租用的设备。第二，撤走会场的临时性布置，包括会标、彩旗、绿植等。第三，清点会议用品、用具。第四，撤走会场外的会议标志，如通知牌、方向标等，通知服务人员关闭会场。

（二）清理会议文件

在会议准备阶段，文秘要将一些会议文件放置在参会人员的桌子上，在这些文件中，有些文件是可以让参会人员带走的，还有一些讨论稿、机密文稿等是要清退的，会务人员要及时清理收回相关文件，做好回收登记和保存，需要销毁的按销毁制度进行销毁，防止泄密。

（三）文件资料清退程序

向会议主席团或主持人汇报发文情况，提出收退文件资料建议；待主席团或会议主持人批准后，下发收退文件资料目录，并做必要的解释工作；会议结束后进行清退，清退要逐份清点、登记，发现丢失的应查清原因，及时向领导汇报。

1.小型内部会议文件资料清退方法

由会议主持人在宣布会议结束的同时，请与会者将文件放在桌上，由文秘统一收集；由文秘在会议室门口收集；由文秘单独收集个别已领取文件而未到会人员的会议资料。

2.大中型会议文件资料清退方法

提前发出文件清退目录，先由与会者个人清理，再统一交给大会文秘处；或者对会议工作人员下发收集目录，由工作人员向与会者收集文件，限时交退。

三、撰写会议纪要

会议纪要是记载和传达会议情况及一定事项的书面材料，是在会议记录和会议相关文件的基础上进一步分析、概括、提炼而成的，是概括会议精神和会议成果的文件。会议纪要对上可以汇报工作，对下可以指导工作，对平级可以互通信息。

会议纪要是经负责人签发的会议正式文件。要求简明扼要，观点鲜明，确切地说明事项，不必发表议论。

（一）会议纪要的种类

会议纪要一般分为：办公会议纪要、工作会议纪要、协调会议纪要和研讨会议纪要四种。

(二)会议纪要的结构

会议纪要一般包括标题、开头、主体、结尾四个部分(见示例)。

1.标题

一般由会议全称加上文种"纪要"两字组成,如"第四届环境问题学术研讨会会议纪要";也可将会议主要事项加上文种"纪要"两字构成,如"广东省与广西壮族自治区关于进一步加强经济技术协作的商谈纪要"。

2.开头

介绍会议情况,包括召开会议的根据、目的、时间、地点、出席人员、列席人员、主要活动等。

3.主体

主体集中表述会议主要情况和议定事项。可按问题写,先主后次;或按事物内部的逻辑顺序,主次分明;也可以按议定事项写,事项的排列可以按议程的先后顺序。

4.结尾

一般应提出贯彻执行的意见和要求,或提出希望,或不写结尾。

文秘将会议纪要写好核定后,就要发送给有关方面执行。如果会议决定的事项涉及有关部门,可以将会议纪要发给他们,也可以从会议纪要上摘录出有关内容后通知有关负责部门。

【示例】

2017年安全质量环保及应急管理委员会第四次会议纪要

2017年11月11日,项目经理×××在二楼会议室主持召开了2017年安全质量环保及应急管理委员会(以下简称"安委会")第四次会议。现将会议内容纪要如下:

一、安质环部做项目部2017年上半年安全形势总结

安质环部就项目部2017年上半年安全生产形势进行总结汇报,会议肯定了项目部上半年安全工作所取得的成绩,并指出,要同时从基础管理和专业管理两个方面加强管理,注重管理体系化,全面提升管理水平。

二、宣贯《国家安全监管总局关于印发〈对安全生产领域失信行为开展联合惩戒的实施办法〉的通知》(安监总办〔2017〕49号)

会议宣贯了《国家安全监管总局关于印发〈对安全生产领域失信行为开展联合惩戒的实施办法〉的通知》,对文件精神进行了深刻解读,对纳入联合惩戒和"黑名单"管理的对象和标准进行了深入了解。会议提出要求,要进一步落实主体责任,构建安全风险防控和隐患排查治理双重预防机制,规范管理行为。

三、宣贯公司《关于组织学习〈住房和城乡建设部关于严厉打击建筑施工安全生产非法违法行为的通知〉的通知》

会议宣贯了公司《关于组织学习〈住房和城乡建设部关于严厉打击建筑施工安全生产非法违法行为的通知〉的通知》,要求项目部相关部门立即开展自查工作,对存在的问题立即进行整改,并及时向公司报送相关材料。

四、通报《××省××发电厂"11·24"冷却塔施工平台坍塌特别重大事故调查报告》

会议通报了《××省××发电厂"11·24"冷却塔施工平台坍塌特别重大事故调查报告》,会

议结合项目部生产实际，深刻反思事故教训，要求项目部全体成员牢固树立红线意识，进一步落实安全生产主体责任，坚决遏制各类安全生产事故的发生。

五、学习公司"××省××发电厂事故调查报告视频会会议"相关材料

会议学习了公司"××省××发电厂事故调查报告视频会会议"相关材料，对×××总经理在"11·24"事故调查报告通报专题视频会上的讲话进行了解读。

六、学习×××董事长在党委常委扩大会议上的讲话

会议学习了×××董事长在党委常委扩大会议上的讲话，要求项目部深刻汲取"11·24"事故教训，全面夯实安全管理基础，持续提升安全管理水平。

七、审议项目部《领导安全责任清单》及《职能部门安全责任清单》

会议审议并原则上通过了项目部《领导安全责任清单》及《职能部门安全责任清单》，会议要求安质环部以公司安全生产管理规定中的安全岗位职责为依据，结合项目实际，对项目部安全责任清单做进一步完善，并报项目经理审批。

出席：张三、李四、×××、×××、×××

列席：×××、×××、×××、×××

×××项目部
2017 年 11 月 11 日

（三）编发会议纪要

会议纪要与会议记录的性质、内容要求、格式写法、作用等都存在很大不同。会议纪要的目的在于将会议的议事过程和议定事项，用精炼的文字归纳出来，留存备查并分发有关部门贯彻执行。

会议纪要印发范围应根据会议性质和纪要内容确定。会议纪要的发文流程为：编写会议纪要→确定印发范围→接收者确认→领导签字→打印成文→印制、分发或归档保存。

四、会议决算

会议经费决算是对会议经费预算执行情况的总结。根据财务工作的规定，要求会议经费决算资料真实、数字准确、内容完整、编制及时。即会议经费决算中汇总的内容都是因会议实实在在发生过的，每一笔花销都是准确的，没有遗漏项目，并能在会后及时呈报会议经费决算报告，经领导审核，再到财务部门结账。总之，办会应注意节约，切不可铺张浪费。

五、会议文书的立卷归档

会议结束后，要及时做好会议文件的立卷归档工作。会议文件资料的立卷归档原则上是一会一卷，以便日后查找、使用。会议文件资料的立卷归档工作要严格遵守档案制度。收集文件应严格履行文件登记手续，并认真检查文件是否存在缺件、缺页、缺损的情况。如果出现此类情况，应及时采取补救措施。收集整理过程中要注意保密。

小型会议的文件，大部分会前已经收集好，会后只需将会议记录或会议纪要归入卷内，

并按会议讨论议题顺序进行整理即可。卷内文件的排列顺序一般为:会议通知、会议议题、会议日程、会议记录、会议纪要及有关文件。

大型会议完整的会议案卷应包括以下内容:会议正式文件,如决定、决议、计划、报告等;会议参阅文件;会议安排的发言稿;会议上的讲话记录;其他有关材料。

六、会议总结

为了进一步提高会务的质量,会议结束后,应该对会务工作进行总结与评价。

(一)会务工作总结

会议结束后,文秘应当协助领导做好会务工作的总结工作。通过总结,发现问题,分析原因,总结经验,以提高办会水平,为以后的会务工作打下基础。会务工作总结应当及时、全面、公正、客观、准确。

(二)会务工作总结的主要内容

(1)检查会议预案所制订的各项会务工作是否准确到位,有无遗漏与重复之处。
(2)检查会务工作机构之间及其与相关部门、单位的协调状况。
(3)检查每位会务工作人员的工作是否完成及完成的质量。
(4)总结进一步提高会议的效率与效益的方法。

(三)会务工作总结的方法

(1)文秘在会后进行个人书面小结。
(2)各会务工作部门或相关部门分别进行小组总结和相互评议。
(3)必要时进行大会交流、总结与表彰,以起到激励与鼓励的作用。

任务分析

按照会议清退文件的要求,文秘应该统一制发清退文件的目录。需要保密的文件,文秘应在分发的时候提醒参会人员,该文件会后需要收回,并做好回收登记,避免遗漏。

任务训练

1.训练内容

分小组讨论,并提交会议清退文件记录。

2.训练时间

训练时间为10分钟。

3.训练要求

(1)小组成员讨论会议文件中哪些属于清退文件。
(2)讨论和制作会议清退文件记录,按时提交。

任务训练自评表

分数区间	80~100分	60~79分	59分及以下
以小组为单位评分（100分）	明确清退文件步骤,制作会议清退文件记录;全组成员参与讨论,记录完整,并在教师规定时间内提交记录	基本明确清退文件步骤,制作会议清退文件记录;全组成员基本参与讨论,记录基本完整,并在教师规定时间内提交记录	未明确清退文件,无讨论和清退文件记录,或记录内容缺漏较多;未能在教师规定时间内提交记录

模块提升训练

一、填空题

1.通常,召开会议需要_____,在_____,正式的会议还要冠以能反映_____、性质、人员、时间、地点等完整而确切的名称。

2.会议结束后,及时做好会议文件的_____工作。会议文件资料的立卷归档原则上是_____,以便日后查找、使用。

3.会议纪要是经_____签发的会议正式文件。要求_____,观点鲜明,确切地说明事项,不必_____。

4.会议报到是参加会议者向_____报告到达开会地点的一道程序。大型会议一般提前_____在驻地设立报到处,安排专人接待。

5."会址",既是指会议召开的_____、_____,又是指会议召开的具体会场。

二、判断题

(　　)1.会议纪要一般分为:办公会议纪要、工作会议纪要、协调会议纪要和研讨会议纪要四种。

(　　)2.文秘应热情接待参会人员,除办理规定的报到手续外,还要主动耐心地向与会人员介绍会议的各项情况,帮助他们解决各种具体问题。

(　　)3.达到99人就是大型会议。

(　　)4.会签是指联合发文时,由各发文机关的领导共同签署文件。

(　　)5.会址的选取只需要考虑豪华、便利等因素。

(　　)6.会议名称不宜太长,但也不能乱简化。会议名称一般由单位+内容两个要素构成。

(　　)7.会场除了整洁、安静、明亮、通风、安全等要求之外,还应考虑座位布局、桌椅安排等布置。

(　　)8.主席台座次安排一律以左为尊。

(　　)9.会议记录一般由标题、基本情况、主体和记录者签字四个部分组成。

三、简答题

1.会议结束后,及时做好整理会场或会议室的工作为什么是必要的?

2.会议纪要包括哪些内容？

3.如何做好会议总结工作？

四、职场情境训练

某建材公司准备在本市工业大厦的会议厅召开大型新产品订货会。参加的有本单位、外单位的人员。总经理让秘书部门负责安排，会上要放映资料视频，进行产品操作演示，而公司没有放映机。租借放映机的任务交给了总经理秘书小韦。会议的召开时间是10月9日上午10时整，资料放映时间是上午10时10分。小韦打电话给租赁公司，要求租赁公司在9日上午9时30分必须准时把放映机送到工业大厦的会议厅。

9日上午，会议开幕前，建材公司的员工们正在紧张地忙碌着。小韦一看表已经9点40分了，放映机还没有送到。小韦马上打电话去问，对方回答机器已送出。眼看着各地来宾已陆续进场，小韦心急如焚……

请问：

1.假如你是小韦，预计将发生何种情况，应该如何处理？

2.假如放映机在10时还未送到，你将马上向总经理报告还是擅自决定调整会议议程？

3.有人说，会议上要用到的各种东西，最好公司都买齐，假如要借，应提前一天送到。你认为如何？召开大型会议前各种准备工作，包括音响、电子类装置应提前多少时间安排？

五、职场案例分析

案例1：某施工方召开会议讨论引进新的生产设备和水泥标号的问题。文秘小李负责准备会议所需文件资料。因有三方的意见汇总和较多的投标材料，时间仓促，小李就为每位与会者准备了一个文件夹，将所有材料放入文件夹中。监理方两位工程师在会前回复说将有事不能参加会议,于是小李就未准备他们的资料。不想,正式开会时这两位工程师又赶了回来,结果会上出现了这样的场景:这两位工程师因没有资料可看而无法发表意见,有的领导面对一大摞资料也无从看起,找不到相应内容的资料,从而影响了会议的进度。

问题讨论:应如何发放资料才能避免此类事件的发生?

案例2:某集团公司要求全国各分公司的优秀技术人员到广西壮族自治区南宁市参加集团举办的技术经验交流会议,文秘小罗负责安排参会人员的返程工作。她想:可以先解决容易预订的近处的参会人员的车票,再慢慢解决哈尔滨、江苏、青海等远地的车票,并且,她认为只要参会者都拿到预订的火车硬卧票就可以了。结果,有一部分参会者没能及时拿到返程票,而对本次经验交流会颇为不满,对经验交流会的工作效果产生不良影响。

请分析:小罗在安排参会人员的返程工作中存在哪些错误?如果是你负责,你会怎样安排参会人员的返程工作?

模块4
工程文秘办文技能

模块概况：本模块主要包含印章管理、文件管理和公文写作，旨在帮助学生适应社会对工程文秘人才的需要，熟悉文秘工作的原则和制度，快速认识职场，完成职业角色转换。

模块4　工程文秘办文技能

任务1　印章管理

 任务目标

知识目标
1. 了解印章的分类和作用。
2. 熟悉印章管理的原则与程序。

能力目标
在工程文秘岗位上使用印章时,做到坚持原则、按规定办事。

工匠精神目标
培养精益求精的品质精神。

 任务布置

小罗是保管着公司印章的文秘。某天,公司总经理的弟弟希望小罗在一份《借款担保合同》上盖章,并声称已得到总经理同意,且合同需马上交到银行,请小罗尽快盖章,而小罗一时间联系不上总经理,难以核实情况。

请问,这时小罗是否应该在这份《借款担保合同》上盖章?为什么?

 知识链接

各级各类国家机关、企事业单位、社会团体的印章具有法律效力,是一个组织机构法人地位、权力的凭证和标志。印章的使用必须严格遵循规章制度,避免违章用印、私自用印。

一、文秘部门掌管的印章

(1)机关、单位印章。
(2)机关、单位领导人因工作需要而刻制的个人签名章。
(3)文秘部门的印章。

二、印章的分类和作用

(一)公章
也称为正式印章,是机关和单位的印章,代表一个组织的正式署名,具有法定的权威性和凭证性。

(二)套印章
按照正式印章的原样印刷,以制版印刷的方式代替手工盖印,与正式印章具有同等法律效力。

(三)钢印
盖在证件与照片交接处,一般用于证明性公文或证件。

(四)缩印
比正式印章小,一般用于小型票证。

(五)领导人名章
(1)以领导人亲笔签名字样刻制,无须外框,一般用于重要凭证的签字。
(2)以标准字体刻制,有方形外框,用于一般签字。
(3)电子签名章,用于电子文档签字。

(六)专用印章
是指为某一专门业务而使用的印章。此印章不代表组织,只代表组织下属的某一个专门部门的职权。印文里不仅有组织的法定名称,还标注专门用途,如"合同专用""财务专用"等。

(七)戳记
以标记特定信息为目的的印章,如机密文件的"机密"戳记。

三、印章的管理

(一)印章的刻制
机关单位的印章不得私制,必须得到上级机关批准,再拿着制发单位开具的公函,附上印章样式,到所在地的公安部门办理登记手续。刻章完毕,刻字单位不能留存样章,也不能擅自先使用印章。

(二)印章的颁发
可以由下级单位凭介绍信领取,也可由上级单位派送。应两人前往,颁领双方当面验章。

(三)印章的启用
向所属机关或平行单位发出启用通知,写明启用印章的日期,在此日期前,不得使用印章。

(四)印章的保管
一般交给文秘部门保管,做到专人负责、确保安全、防止脏污。

（五）印章的使用

应严格遵循印章使用的原则，具体程序为：用印申请→用印签批→用印登记→用印监督→正确用印。

（1）用印申请。应填写用印申请表（表4-1-1）。

用 印 申 请 表　　　　　　　　　表 4-1-1

用印事由			
用印部门		用印申请人	
用印日期		用印数量	
批准意见		备注	

（2）用印审批。经主管领导审批同意后，方可用印。

（3）用印登记。应填写用印登记表（表4-1-2）。

用 印 登 记 表　　　　　　　　　表 4-1-2

编号	用印日期	用印部门	用印事由	数量	申请人	批准意见	备注

（4）监督用印。印章管理人员必须监督印章使用情况，仔细审阅并及时纠正用印内容。不能在空白页盖印，更不能以印谋私。

（5）正确用印。印章要盖得端正清晰，上不压正文，下要骑年盖月。

（六）印章的停用

如机关单位合并、撤销、名称更改或其他原因，印章随之停用，应做好以下工作：

（1）发文通知有关单位。

（2）将停用、作废的印章送回原制发机关并登记注销。

（3）销毁印章，并为被销毁的废旧印章留下印模存档。

任务分析

小罗不应该在这份《借款担保合同》上盖章，因为使用印章必须做到坚持原则、按规定使用。小罗应该礼貌地告知总经理的弟弟用印程序：他需要填写用印申请表，待主管领导审批同意后，方可用印。用印前还需填写用印登记表，并在印章管理人员的监督下正确用印。如时间紧迫，小罗可以帮助他尽快走完用印审批流程，但应该仔细审阅用印内容，不可草率盖章。

任务训练

1. 训练内容

分小组演练,小组成员轮流担任管理印章的文秘,练习以下几种盖章方式:骑缝章、更正章、骑边章、密封章、急件章、钢印。

2. 训练时间

每人限时60~90秒。

3. 训练要求

(1)严格按照印章使用程序完成任务,保证用印申请、审批、登记、监督、盖章5个环节操作正确。

(2)盖章保证质量。骑缝章:盖在介绍信与存根衔接处的骑缝线上。更正章:盖在更正处。骑边章:先把同一文件的每一页错开,骑各页盖章。密封章:盖在封口处。急件章:盖在紧急文件的封套上。钢印:盖在证件照脖子和衣领以下同证件交接部分。

任务训练自评表

分数区间	80~100分	60~79分	59分及以下
以学生为单位评分（100分）	盖章方式正确;用印环节操作正确;在教师指定时间内完成训练	盖章方式基本正确;用印环节操作正确;在教师指定时间内完成训练	盖章方式错误;用印环节操作错误;未能在教师指定时间内完成训练

任务2 文件管理

任务目标

知识目标
1.了解收文、发文的程序与方法。
2.掌握文件的打印、复印、扫描、传真操作要求。

能力目标
在工程文秘岗位具备文件管理能力。

工匠精神目标
1.具备协作共进的团队精神。
2.培养爱岗敬业的职业精神。
3.培养精益求精的品质精神。

任务布置

小罗是某贸易公司的文秘,上班第一天,办公室主任叫小罗整理历年文件归档,明确收发程序。作为职场新人的小罗,应该如何开展文件管理工作呢?

知识链接

一、收文处理

收文程序如下:

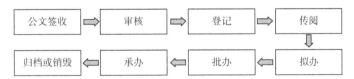

(一)公文签收

收件方在送件方的《送文登记簿》(也称《发文登记表》)上签字,签字方式一般有三种:

签字、签字并盖章、出具收条。《送文登记簿》如表4-2-1所示。

送 文 登 记 簿　　　　　　　　　表 4-2-1

序号	发文日期	封皮号	送往机关	文种	签收人	签收日期	备注

（二）审核

审核是否应由本单位办理。

（三）登记

在《收文登记簿》上登记收到的文件编号并记录文件的来源、去向。《收文登记簿》如表4-2-2所示。

收 文 登 记 簿　　　　　　　　　表 4-2-2

顺序号	收文号	收文日期	收文机关	文件标题	文件字号	密级	份数	收文单位	签收人	归档号	备注

（四）传阅

按照传阅范围和传阅时间传递文件。文件传阅完毕后,应及时上交文秘部门保管。阅读文件的人员应填写《文件传阅单》(表4-2-3)。

文 件 传 阅 单　　　　　　　　　表 4-2-3

发文单位		文件标题	
文件字号		收文号	
传阅范围			
阅件人姓名	阅件时间		备注

（五）拟办

在领导批办前,文秘部门负责人对文件办理提出方案。

（六）批办

领导对文件如何办理做出批示。

（七）承办

按照领导的批示,办理文件相关事宜。

(八)归档或销毁

鉴定文件价值,有价值的进行归档,无价值的进行销毁。

二、发文处理

发文处理程序如下:

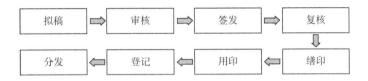

(一)拟稿

按照《党政机关公文处理工作条例》起草文稿,根据行文目的、发文机关的职权与主送机关的关系确定文种,做到观点明确、结构严谨。拟定紧急公文,应当体现紧急的原因,并根据实际需要确定紧急程度。

(二)审核

文秘部门审核文稿,应从以下两点入手:一是行文是否有必要,二是行文方式、内容、形式是否妥当。

(三)签发

由单位的主要负责人签发,除在签发栏中签署意见外,还要写明姓名和具体日期。

(四)复核

复核又称为核发,指文秘部门在文件印刷前再次审核文件。主要复核以下内容:①签发手续是否完备;②审批意见、审批人姓名、审批日期是否完备;③文种使用、公文格式是否符合规定;④附件是否齐全等。

(五)缮印

印刷或誊抄公文定稿或签发稿。

(六)用印

对比定稿,校对文本清样后,在文件正文落款处加盖公章,以示公文生效。

(七)登记

在发放公文前,登记以下发文项目:公文标题、审核人、签发人、密级、发文字号等。

(八)分发

按紧急程度和机密程度分装、发送文件。

三、复印、打印、扫描、传真操作步骤

(一)复印

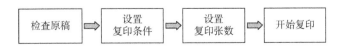

1.检查原稿

(1)检查原稿尺寸、是否有图片、是否有彩色印刷部分等。

(2)拆开原稿并按顺序放到原稿台上,需复印的一面朝下。

2.设置复印条件

(1)设置复印份数。用数字键设置复印份数。

(2)设置复印倍率。复印倍率有放大、缩小、等倍 3 种,按需要设定。

(3)调节复印浓度。根据原稿浓度,可以手动调节复印件浓度。而复印机的自动曝光功能(AE 功能)可自动检测原件浓度并自动设置复印件浓度。

3.设置复印张数

用数字键设置复印张数。

4.开始复印

按下复印键,复印开始。如需暂停,可按暂停键。

(二)打印

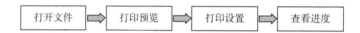

1.打开文件

打开需要打印的文件,单击"文件"列表中的"打印预览"。

2.打印预览

预览确认无误,单击"文件"列表中的"打印",出现打印条件设置对话框,如图 4-2-1 所示。

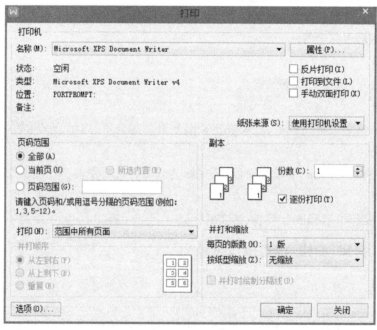

图 4-2-1　打印条件设置对话框

3.打印设置

设定打印范围、打印份数、是否双面打印、是否缩放。设定完成,即可点击"确定",开始打印。

4.查看进度

打印时,打印机图标会出现在电脑任务栏中,双击打印图标,即可查看打印进度。打印进度如图 4-2-2 所示。

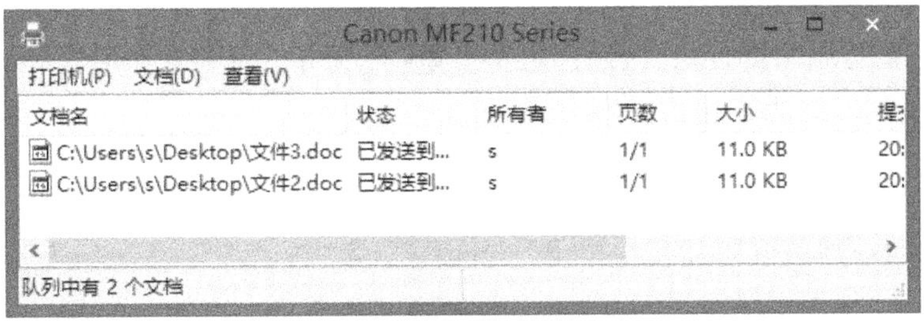

图 4-2-2　打印进度图

(三)扫描

扫描方式有两种,一种是用电脑扫描软件操作扫描,一种是用扫描仪操作扫描。

1.用电脑扫描软件操作扫描

首先介绍用电脑扫描软件操作扫描的步骤,如下图:

(1)打开电脑扫描软件。
(2)扫描设置。设置图像来源、图像保存路径、缩放比例等。
(3)放置原稿。将需要扫描的原稿放在原稿台上。
(4)开始扫描。单击"确定",等待扫描完成并保存。

2.用扫描仪操作扫描

用扫描仪操作扫描的步骤,如下图:

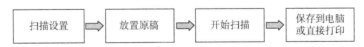

(1)扫描设置。设置图像来源、图像保存路径、缩放比例等。
(2)放置原稿。将需要扫描的原稿放在原稿台上。
(3)开始扫描。按下扫描仪的扫描键,开始扫描。
(4)保存或打印。将扫描文件保存到电脑或者直接打印。

(四)传真

传真可用于发送文件和接收文件。

1.发送文件操作步骤

(1)放记录纸。将记录纸放入传真机。
(2)输入号码。用传真机键盘输入要传真的号码。
(3)放入原稿。将要传真的文件放入传真机,设置分辨率和对比度等。
(4)开始传真。按确认键或传真键,开始传真。

2.接收文件操作步骤

首先,设定接收模式,然后就可以接收文件了。接收模式主要有以下两种:

(1)手动接收。电话铃响时,接通电话,若对方是手动发送文件,那么按下"接收"键即可接收文件;若对方是自动发送文件,那么接起电话,就可以收到文件了。
(2)自动接收。电话铃响后,传真机即可自动接收文件。

 任务分析

作为文秘新手,面对文件管理工作,应该牢记收、发文流程和复印、打印、扫描、传真文件各步骤流程。小罗先要学习本公司的收、发文流程和文件管理制度,再要明确文件归档的原则,根据文件轻重缓急或内容或级别或发文机关进行归档。

 任务训练

1.训练内容

分小组进行任务演练,角色模拟体验职场情境。

2.训练时间

每组演示训练限时5分钟。

3.训练要求

(1)收文和发文各步骤清晰准确。
(2)言行符合职场礼仪规范。
(3)小组成员角色分配合理。

任务训练自评表

分数区间	80~100分	60~79分	59分及以下
以小组为单位评分(100分)	收文和发文各步骤清晰准确;言行符合职场礼仪规范;小组成员角色分配合理;在教师指定时间内完成训练	收文和发文各步骤基本清晰准确;言行符合职场礼仪规范;小组成员角色分配基本合理;在教师指定时间内完成训练	收文和发文各步骤错误;言行不符合职场礼仪规范;小组成员角色分配不合理;未在教师指定时间内完成训练

任务3　条据、请柬

任务目标

知识目标
1. 了解条据和请柬的种类、特点及作用。
2. 掌握条据和请柬的基本格式和写作要求。

能力目标
能熟练写出不同性质、不同种类的条据和请柬。

工匠精神目标
培养精益求精的品质精神。

任务布置

文秘小罗布置公司总结暨表彰大会会场的时候，因为需要使用投影仪（2台），就跑去后勤保障仓库，找仓库管理员李明借，李明要求小罗写借条。写完借条，领取物品回到办公室后，办公室主任要求小罗写10张请柬，正式邀请10位商业合作伙伴出席公司总结暨表彰大会。

知识链接

一、条据

条据就是人们在日常生活和工作中，通过书面形式把临时要告诉别人的某件事写成简单的纸条，就是把所交接的钱物写成书面文字作为凭证的字据。

（一）条据的特点和分类

1. 条据的特点

（1）简单性。条据一般用来办理临时性事务，无须议定条文，只须写明往来的具体内容，往往一两句话就说清楚了。

（2）便捷性。条据是随用随写的，可以随身携带，非常便捷。但这并不是说条据的用纸可以五花八门,随手拿一张烟盒纸就行,相反,为了保证条据的方便可行,它的用纸应当整洁、干净、耐折、耐存。

2.条据的分类

(1)说明性条据:如请假条、留言条等。

(2)凭证性条据:如借条、领条、收条等。

(二)条据的格式

1.说明性条据

说明性条据主要有请假条、留言条、托事条、便条等。说明性条据,主要是向有关人员说明情况、托付事情、传递信息用的条据。其写作基本格式为:

(1)标题:请假条一般都有标题,留言条、便条可省略。

(2)称呼:可用简称,如张老师、小张、阿刘等。

(3)正文:一般包括交代原因、时间、具体事情、要求等,语言要简明扼要,并有礼貌。

(4)致敬词:一般用"谢谢""此致敬礼"等用语,便条可省略。

(5)落款:包括署名和时间。

2.凭证性条据

凭证性条据一般涉及借、欠、收、还、领个人或公家的现金、财物,这种条据往往起到日后的凭证作用,钱物归还后,条据便会收回作废或撕毁。凭证性条据主要有借条、欠条、收据、领条等。

(1)凭证性条据的通常格式由标题、正文、落款三部分组成。

①标题:在条据的上方中间,一般要写上"收条"或"借条"等字样作为标题,醒目地标明是什么性质的条据。既扼要地提示了内容,又便于归类保管。

②正文:紧靠标题的下方,开头空两格书写正文。条据开头有较为固定的惯用语,一般为"今借到""今领到""今收到"等。如涉及钱物,要写明数量,数字用大写。

③落款:条据的右下方为签署部分,写上制件人姓名,如是单位,除写明单位名称外,还应写明经办人姓名。然后再下移一行写明时间。

尽管凭证性条据种类较多,但格式上较为统一,只要根据不同内容和需要变换字句就行了。

(2)借条与欠条的区别。

借条是单位或个人借到钱、物时写给出借方作为凭证的一种条据。

欠条是欠物、欠款的个人或单位写给对方作为约期归还的一种凭据。

欠条的写作有两种情况:一是已归还或交给对方部分钱、物,尚欠一定数量的钱、物,所以写下欠条;二是立据人过去曾借对方的钱、物,但由于某种原因,一直未能归还,当时也未写下任何凭据,因此补写欠条,作为凭证。

借条与欠条的写作格式及要求相同。

(三)条据的写作要求

条据看起来简单,但写作时一点也不能够马虎,应注意以下事项:

(1)条据必须由对方亲笔书写,接收方不能代笔。条据四项要素要讲明,即写给谁、什么事、谁写的、什么时间写的,都要写清楚。

(2)条据中钱物数量要写清楚,数字要用大写,数字前不能留空白,后面要写明计量单位,然后写上"整"字,以防恶意添加或篡改。

(3)语言要避免歧义,是否要写致敬语,应视条据格式、内容和交往对象而定,不可随便处理。

(4)内容不可涂改,写错可重复写一张。如果不得不涂改,后面必须加盖图章。

(5)条据应用蓝黑色墨水的钢笔或毛笔书写,不要用铅笔、易褪色的墨水或红墨水写。重要内容有所改动,应加盖印章。字迹要工整、端正、清楚,不要用草书,以免误认。

(四)例文赏析

【例文1】

借　　条

今借到财务处人民币壹仟零伍拾元整,用于购买教学用书,5天内归还。

此据

借款人:××(签字)
二〇一九年二月七日

【简评】

这张借据交代了所借的币种(人民币)、数量、用途,还写清了归还的时间。内容具体,言简意明。

【例文2】

收　　条

今收到建筑系学生抗旱救灾捐款柒仟肆佰叁拾贰元整。

此据

××学院(公章)
经手人:××(签字)
二〇一九年一月十二日

【简评】

这张收条说明了是哪个学院(部门)、什么款、数量多少,语言表达清晰明了。

【例文3】

欠　　条

今购买电子商城联想电脑伍仟捌佰元整,现已支付伍仟元整,还欠捌佰元整,三天内一次还清。

此据

欠款人:××(签字)
二〇一九年十二月六日

【简评】

这张欠条不仅说明了因何事而欠款,还说明了欠款的数额、归还的限期,语言简洁明了。

【例文 4】

领　　条

今领到教材库《文书与档案管理》教材叁拾本,练习册陆拾本。
此据

经手人:××(签字)
二〇一九年二月二十一日

【简评】

这张领条说明了所领之物(教材、练习册)和领取数量。说明具体,简洁扼要。

【例文 5】

请　假　条

王老师:
　　您好!
　　我因夜里感冒发烧,现要到医院输液,今天不能前去上课,请假两天(3 月 2—3 日),3 月 4 日上午上课前返校,请批准。
　　此致
敬礼

学生:××(签字)
二〇一九年三月二日

【简评】

这张请假条把请假的原因、请假的时间、返校的时间都写得清清楚楚,理由充足,正文的结尾还用了礼貌用语,表达了对老师的敬重,易于被老师批准。

【例文 6】

留　言　条

张师傅:
　　今天我来找您,想向您借《建筑美学与鉴赏》一书,正巧您不在家,我晚上九点半再来,烦请您在家等候,谢谢!

徒弟:××(签字)
二〇一九年二月十三日

【简评】

这张留言条说明了寻找的对象、地点、原因,还写明了另约见面的具体时间、地点,言简意明。

【例文 7】

托　事　条

×老师:
　　听说您明天去北京出差,若方便,请帮我购买一张北京地图和一册故宫资料(最好是详细一点的),费用请您先代为垫付,回来再向您付清。有劳大驾,不胜感激!

××(签字)

2019年3月21日

【简评】

这是一张托事条,语言简洁、明确、得体。请人代办某些事情,但因故不能当面相托,将所托之事留言告知,就是所谓的托事条。托事条的写法与留言条相同,要注意的是,所托之事必须是对方比较容易办到的,而且估计对方是愿意受托的,否则可能会引发一些误会、不快,甚至矛盾。

(五)瑕疵文案

【例文1】

借　　条

今借到南宁市××局财务科900元。

××(私章)

2019年11月21日

【简评】

这张借条存在以下问题:

(1)没有写明所借钱的币种。

(2)钱的数量要用大写汉字。

(3)应写清楚归还的具体时间。

【例文2】

欠　　条

原借××同学人民币壹仟元整,现还欠款叁佰元整。剩下的将于2019年3月1日全部还清。

此据

欠款人:××

2019年2月20日

【简评】

该欠条的"现还欠款叁佰元整"含有歧义,应修改为:"原借××同学人民币壹仟元整,现已还叁佰元整,尚欠柒佰元整,将于2019年3月1日全部还清。"

【例文3】

请　假　条

李科长:因家有要事,不能上班,请准假。

××

2019年1月15日

【简评】

这张请假条存在以下问题:

(1)"请假条"三字应居中写。

(2)称呼应顶格写,写了称呼后,应另起一行空两格写正文。

(3)没有写明请假的具体原因和请假的起止时间。

二、请柬

请柬,又称为请帖、柬帖,是为了邀请客人参加某项活动而发的礼仪性书信。

(一)请柬的作用

(1)使用请柬,既可以表示对被邀请者的尊重,又可以表明邀请者对此事的郑重态度。

(2)凡召开各种会议,举行各种典礼、仪式和活动,均可以使用请柬。

所以,请柬在款式和装帧设计上应美观、大方、精致,使被邀请者体会到主人的热情与诚意,感到喜悦和亲切。

(二)请柬的样式

请柬一般有两种样式:一种是单面的,直接由标题、称谓、正文、敬语、落款和日期构成;一种是双面的,即折叠式,一为封面,写"请柬"二字,一为封里,写称谓、正文、敬语、落款和日期等。

请柬的篇幅有限,书写时应根据具体场合、内容、对象,认真措辞,行文应达、雅兼备。达,即准确;雅,就是讲究文字美。在遣词造句方面,有的使用文言语句,显得古朴典雅;有的选用较平易通俗的语句,显得亲切热情。不管使用哪种风格的语言,都要庄重、明白,切忌语言的乏味和浮华。

(三)请柬的写法

从撰写方法上说,不论哪种样式的请柬,都有标题、称谓、正文、敬语、落款和日期等。

1.标题

双柬帖封面印上或写明"请柬"二字,一般应做一些艺术加工,即采用名家书法、字面烫金或加以图案装饰等。有些单柬帖,"请柬"二字写在顶端第一行,字体较正文稍大。

2.称谓

顶格写清被邀请单位名称或个人姓名,其后加冒号。个人姓名后要注明尊称、职务或职称,如"××先生(女士)""××院长""××教授"等。

3.正文

另起一行,前空两格,写明活动的内容、时间、地点及其他应知事项。

4.敬语

一般以"敬请(恭请)光临""此致敬礼"等作结。"此致"另起行,前空两格,再另起行,顶格写"敬礼"等词。

5.落款和日期

写明邀请单位或个人姓名,下边写日期。

(四)写作注意事项

(1)文字要美观,用词要谦恭,要充分表现出邀请者的热情与诚意。
(2)语言要精炼、准确,凡涉及时间、地点、人名等一些关键性词语的,一定要核准、查实。
(3)语言要得体、庄重。
(4)在纸质、款式和装帧设计上,要注意艺术性,做到美观、大方。

(五)例文赏析

【例文1】

请　　柬

××电视台:

  兹定于二〇一九年五月四日晚八时整,在我校大礼堂举行"五四"青年诗歌朗诵会,届时恭请贵台派记者光临。

共青团××大学委员会
二〇一九年四月二十六日

地址:××市××××路12号
联系电话:××××××××××

【简评】

此请柬格式完整,语言简洁。并附上联系方式,显示诚意,符合要求。

【例文2】

结婚请柬

×××女士:

  我俩谨定于2019年2月19日下午6时整在××酒店三楼一号大厅举行婚礼,敬备薄酌,恭候光临。

新郎×××　鞠躬
新娘×××　鞠躬
2019年2月9日

【简评】

这是一对新人邀请亲朋好友参加婚礼发的请柬。行文庄重文雅,显得喜庆,不乏诚恳。正文仅一句话就将主题、时间、地点、内容等表达得清清楚楚,显得简洁明确。

【例文3】

开业请柬

×××先生:

  我公司定于2019年2月18日上午8时正式开业,在六楼会议厅同时接待业务洽谈。敬请光临。

××建筑监理有限公司
2019年2月11日

(六)瑕疵文案

【例文】

××校友:

您好! 最近身体好吗? 工作一定很忙吧!

我校定于3月16日召开校友座谈会,请您做好准备,务必准时出席。

此致,

敬礼!

××大学校长办公室

2019年3月2日

【简评】

本请柬是××大学为召开校友座谈会而制发的,它存在着以下问题:

(1)缺少标题。

(2)称呼未顶格写。

(3)开头问候语使用不当。

(4)会议的时间、地点不够具体。

(5)语气强硬,缺乏礼貌,如"务必准时出席"容易令人心生不快。

(6)结语"此致敬礼"格式不正确,且不应使用标点符号。

 任务分析

(1)条据,特别是借条、收条、欠条、领条等,当事人都必须本人签字,不宜用盖私章代替签字。

(2)请柬在款式和装帧设计上应美观、大方、精致,使被邀请者体会到主人的热情与诚意,感到喜悦和亲切。请柬的篇幅有限,书写时应根据具体场合、内容、对象,认真措辞,行文应达、雅兼备。达,即准确;雅,就是讲究文字美。在遣词造句方面,有的使用文言语句,显得古朴典雅;有的选用较平易通俗的语句,显得亲切热情。不管使用哪种风格的语言,都要庄重、明白,使人一目了然,切忌语言的乏味和浮华。请柬必须提前送到被邀请者手中,以示邀请者的热情与诚意。

 任务训练

1.训练内容

(1)分小组训练,小组每位成员拟写一张借条和一张请柬。

(2)老师点评各组上交的作业。

2.训练要求

(1)符合条据、请柬的写作格式。

(2)语言简洁明了。

(3)写作用时不超过10分钟。

任务训练自评表

分数区间	80~100 分	60~79 分	59 分及以下
以学生为单位评分（100分）	在教师指定时间内完成所有训练；条据、请柬格式符合写作要求；写作内容明确，无错别字	在教师指定时间内完成所有训练；条据、请柬格式基本符合写作要求；写作内容基本明确，错别字不多于3个	未在教师指定时间内完成所有训练；缺交为0分

任务4 通知、通报

任务目标

知识目标

1. 了解党政机关公文的概念、特点、分类、行文规则。
2. 掌握通知、通报等文种的适用范围、结构和写作要求。
3. 区别通知和通报在内容、格式、写作要求上的不同点。

能力目标

1. 能拟写通知、通报等公文。
2. 在工程文秘岗位具备写作、处理公文的能力。

工匠精神目标

培养精益求精的品质精神。

任务布置

某投资集团在年终财务大检查中发现,有些部门仍存在铺张浪费现象,产生极坏影响。为加强廉政建设,维护企业利益与形象,集团总公司研究决定,对这些部门进行批评。文秘小罗拟定了批评通知准备下发,办公室主任看了文件后,当场批评小罗混淆了通知和通报。小罗很迷茫,不知道通报和通知的区别是什么,这则通报应该怎么写呢?

知识链接

一、通知

通知是适用于批转下级机关的公文、转发上级机关和不相隶属机关的公文、传达要求下级机关办理和需要有关单位周知或者执行的事项、任免人员的公文。

(一)通知的特点

1.使用频率高

在所有公文中,通知数量居第一位,原因有二:其一,通知不受内容限制,可以用于布置工作,传达重要指示,也可以用于交流信息,知照一般事项,或用于转发、批转公文,任免与聘用干部,比较灵活、实用;其二,通知的作用广泛,一切机关与社会组织均可制发通知,不受机关或组织性质、级别的限制。

2.具有执行性

通知以要求下属执行或办理事项的内容居多。无论是批转公文,要求下属单位办理执行,还是任免人员,目的都是为了执行和落实。凭借执行性来实现文件要求,在通知上体现得非常充分。

3.行文灵活

通知的内容单一,事项清楚,有极大的公众知晓度。

另外,通知主要用于上级对下级行文,但在传达需要周知的事项时,有时受文机关也可以是不相隶属机关。此时,通知起平行文的作用(也只有在作为这种用途时,通知才可算平行文)。

(二)通知的种类

根据通知的内容及使用范围,一般分为五种:

1.发布类通知

发布类通知在颁布(颁发)本机关制定的行政法规与规章、决定等公文时使用。例如《中共中央办公厅、国务院办公厅关于发布〈党政机关公文处理工作条例〉的通知》《交通运输部关于印发〈2019年交通运输法制工作要点〉的通知》。

2.指示类通知

指示类通知一般是上级机关用于布置下级机关工作事项,指示工作方法、步骤。例如《××集团关于进一步做好今明两年控制财政支出工作的通知》《关于加强普通高等学校毕业生就业工作的通知》。

3.批转、转发类通知

此类通知用于批转下级机关,转发上级机关、同级机关和不相隶属机关的公文。被批转或转发的公文则作为附件下发。

(1)批转通知。是用于批示转发下级机关发来的公文的通知,这种通知是针对下级机关的来文加上一则批语转发给所属的机关,要求贯彻执行或参照执行。下级机关所制定的政策和采取的行政措施,如已超出本机关职能范围,或在实施时需要得到同级机关的支持和帮助,就需报请上级机关批准。而下级机关的来文一旦被上级机关批转,则具有上级机关的意图,与上级机关的公文具有同等效力。例如《国务院批转国家发展改革委〈关于2017年深化经济体制改革重点工作意见〉的通知》。

(2)转发通知。用来转发上级机关、同级机关和不相隶属机关的公文,它是对上级机关、同级机关或不相隶属机关的公文加上按语做出评价或提出参照执行的意见,转发给下级机关的通知。如果认为上级机关、同级机关或不相隶属机关的公文,对本机关所属下级机关的工作有指示、指导或参考作用,就可使用转发通知将其下发。例如《国务院办公厅转发交通运输部等部门〈关于加快道路货运行业转型升级促进高质量发展的意见〉的通知》。

4.知照类通知

也称告谕类通知,用于告知各有关方面应该知道的事项或某种新情况。像成立、调整、合并、撤销某个机构、启用印章、更正文件差错、请下级机关报送有关材料、召开会议、庆祝节日等,都可使用这种通知。它的发送对象广泛,对下级、平级均可发送。例如《××学院关于撤销基建处的通知》《××市电力局关于错峰用电的通知》。

5.任免通知

用于任免或聘用下级机关有关人员职务。例如《××市教育局关于李×任职的通知》。

(三)通知的写法

1.标题

标题一般有四种形式,具体如下所示:

(1)完全式标题,由发文机关、事由、文种构成。

(2)省略发文机关。

(3)单用文种。单用文种的通知,发文范围很小,内容简单,甚至张贴都可以,一般在受文对象知晓发文单位和一定的发文背景之下使用。

(4)发布、批转、转发类通知标题。

发布、批转、转发类通知的标题由发文机关、发布(颁布、批转、转发)、被发布(颁布、批转、转发)文件标题、通知构成。例如《国务院办公厅转发交通运输部等部门〈关于加快道路货运行业转型升级促进高质量发展的意见〉的通知》,发文机关是国务院办公厅,被批转的文件名是交通运输部等部门《关于加快道路货运行业转型升级促进高质量发展的意见》。被发布、批转、转发公文为法规、规章时,一般应加上书名号。例如《交通运输部关于印发〈公路工程建设项目概算预算编制办法〉的通知》。

有时由于被批转、转发公文标题中已有"关于"和"通知"字样或者被批转、转发的公文标题比较长。这时,通知的标题一般可保留末次发布(批转、转发)文件机关和始发文件机关,省略多余的"关于"和"通知"字样。例如《××省人民政府转发国务院关于开展第六次全国人口普查的通知》,被转发的文件名《国务院关于开展第六次全国人口普查的通知》本身即为通知;又如,"××县人民政府关于转发《××市人民政府关于转发〈××省人民政府关于转发人事部关于×××同志恢复名誉后享受××级待遇的通知〉的通知》",这个标题有4个层次,用了3个"关于转发",2个"的通知",很拗口;可把这个标题简化为《××县人民政府转发人事部关于×××同志恢复名誉后享受××级待遇的通知》。至于被省、市等转发过的内容,可在转发意见中交代清楚。

2.主送机关

有的通知的发文对象比较广泛,因此,主送机关较多,要注意主送机关排列的规范性。有的普发性通知也可不写主送机关。

3.正文

通知的功能多、种类多,写法彼此有较大的区别。

(1)指示性通知。一般由通知原由、通知事项和执行要求组成。

①通知原由。主要写明向下级指示或布置工作,或要求执行任务的原因、目的、意义等,

以便为下文进一步提出通知事项做好铺垫。这一部分要求写得概括而充分,简洁明白,令人信服。

②通知事项。这是通知的主体,要求明确、具体地交代出工作任务和具体工作的安排部署。要讲措施,提要求,要使受文单位明确做什么、怎样做、有什么要求。如果事项较多,在结构安排上一般采用分条列项式写法,注意要写得条目清晰,文字简明,以便于下级领会、理解和执行。

③执行要求。这是指示性通知正文的最后部分,是对落实和执行通知内容所提出的具体规定或希望、号召。例如,"以上通知,望认真贯彻执行""以上通知,在认真贯彻执行的同时,请将情况于××日前报××处"。

(2)知照性通知。由发文原因、知照事项、结语构成。结语用"特此通知"或自然结尾。

(3)任免通知。这种通知写法比较简单,一般只写清决定任免的时间、机关、会议或依据文件,以及任免人员的具体职务即可。

(4)会议通知。由会议目的、会议有关事项、结语组成。

开头写明会议目的,用"现……通知如下"为过渡语,再依次写通知事项。也可开头就写明会议时间、地点、名称、会期,再写其他通知事项。开头与事项之间用"现将有关事项通知如下"等惯用语过渡。用"特此通知"等惯用语结尾,也可自然结尾。

这类通知的写作关键是要素齐全、事项明确具体。会议通知要素包括会议的名称、目的、议题、时间、会址、与会人员身份、对与会人员的要求(如准备发言、文件、论文、会费等),以及筹办单位、会议单位名称、联系人、联系地址、电话号码、食宿安排、交通路线、接洽方式及标志等。有的通知后还要附上入场凭证或请柬及回执等。总之,根据会议需要,要写得清楚具体,对必须写明的项目无一错漏,以保证会议按预定要求顺利召开。

(5)批转和转发性通知。这类通知的正文一般应写明三方面内容:一是被批转、被转发的文件;二是说明批转、转发的目的或陈述批转、转发的理由;三是对受文单位提出贯彻执行的具体要求。执行要求的写作要有针对性,即要结合本地区、本单位、本系统的实际情况,对被批转、被转发的文件内容要求加以具体化。执行要求部分通常使用的习惯用语有"请遵照执行""请认真贯彻执行""请参照执行"等。批转、转发性通知都带有附件,此类通知的后面必须附有被批转或被转发的原件,否则,通知不能成立。

4.落款和时间

注明发文机关和成文日期。

(四)例文赏析

【例文1】

××省政府关于朱××等同志职务任免的通知

各市、县人民政府,省各委、办、厅、局,省各直属单位:
  经研究决定:
  任命朱××同志为省发展和改革委员会副主任(正厅级);
  任命龚××同志为省住房和城乡建设厅副厅长;

任命王××同志为省交通运输厅副厅长；

免去洪××同志的省政府驻北京办事处主任职务。

（盖 章）
2019年1月25日

【简评】

这是一则××省人民政府任免干部的通知。该通知写明批准的机关、主送单位、被任免人员的职务、姓名、任免日期等，符合任免人员通知的规定要求。

【例文2】

××省××学院关于召开就业工作会议的通知

各系部、各处室：

为进一步贯彻和执行中央、省就业工作会议精神，把我院今年的就业工作搞得更好，经研究决定召开就业工作会议，现将有关事项通知如下：

一、会议内容

介绍、分析我院2018届毕业生的就业情况，着重讨论、研究今年的就业对策。

二、参加人员

各系部主管学生工作的党总支书记或副书记、院招生就业办的全体人员。

三、会议时间和地点

定于3月9日上午8时，在学院管理楼518会议室准时召开，议程半天。

（盖 章）
2019年3月2日

【简评】

这是一则关于召开就业工作会议的通知。其正文由召开会议的目的和会议注意事项两部分组成。该会议事项较详细，结构完整。撰写会议事项经常出问题的，往往是地点和时间。有些通知地点写得过于粗略或时间只写日期，不写具体时间，这将给与会者带来不便。本例文时间、地点写得很具体，符合会议通知的规范要求。

(五)瑕疵文案

【例文1】

机关游泳池关于办证的通告

机关各直属单位：

随着人们健康意识的普遍增加，机关游泳池定于6月1日正式开放，6月10日开始办理游泳证。请你们接此通知后，按下列规定，于5月31日前到机关俱乐部办理游泳手续。

一、办证对象：仅限你单位干部或职工身体健康者(以证为凭)。

二、办证方法:由你单位统一登记名单、加盖印章到俱乐部办理,交一张免冠照片。

三、每个游泳证收费伍元。

四、凭证入池游泳,主动示证,遵守纪律,听从管理人员指挥。不得将此证转让他人使用,违者没收作废。

五、家属游泳一律凭家属证,临时购买另票,在规定的开放时间内入池。

健乐俱乐部
2019 年 5 月 23 日

【简评】

上文存在的主要问题有:

(1)标题中发文机关与文种皆有错误。

(2)"随着人们健康意识的普遍增加",与文无关,且此句词语搭配不当,句意未完。

(3)时间表述有矛盾,例如,"机关游泳池定于6月1日正式开放,6月10日开始办理游泳证。请你们接此通知后,按下列规定,于5月31日前到机关俱乐部办理游泳手续",办理游泳证时间前后不一致。

(4)正文第一段不符合通知的规范写法,通知没有在开头用"请你们……"的写法,且缺少承启语。

(5)语言表述有不规范、不准确处,如"以证为凭"是什么样的证,哪个单位开的证?又如"临时购买另票"等。有些句子逻辑颠倒,如"四、凭证入池游泳,主动示证",前后句应调整顺序。

(6)正文内容与标题有矛盾,标题事由为"办证",但正文的四、五项非办证事项。

【例文2】

××市交通运输局
关于立即畅通南北交通干线的通知

××市供电局:

贵局维修下水道,未经与我局请示,便自作主张,阻断××大马路,严重影响了南北交通干线的正常通行,后果严重。通知贵局所属维修队即刻停止作业,恢复交通。其他事宜,待商谈后再定。

(公　章)
2019 年 3 月 17 日

【简评】

上文存在的主要问题有:

(1)标题的文种错误。"××市交通运输局"和"××市供电局"是同级单位,不宜用"通知",而应该用"商洽函"。
(2)标题的事由概括不当,标题宜改为"请即刻停修下水道以畅通南北干线的商洽函"。
(3)用语不得体。

二、通报

通报是用于表彰先进,批评错误,传达重要精神或者情况使用的公文文种。它通过实践中发生的具有示范、教育、警戒作用的典型的人和事,来启发教导人们。同时,它还传达重要精神或情况,能及时交流信息,上情下达,并能促进上下级、有关部门之间的相互了解。

通报是下行文,但不发号施令,它由领导机关在所属范围内行文,让所有下属周知,了解情况,接受教育。

(一)通报的特点

1.题材的典型性

通报的内容,常常是把现实生活当中一些正、反面的典型或某些带倾向性的重要问题告诉人们,让人们知晓、了解。所以,它所选的题材要求典型,也就是要求题材既具有普遍性、代表性,又具有个性。只有普遍性没有个性的题材,不能给读者以深刻印象;有个性没有普遍意义的题材,缺乏广泛的指导价值。通报的题材要做到个性与共性的统一。

2.思想的教育性

通报的目的,不仅仅是让人们知晓内容,它主要的任务是让人们知晓内容之后,从中接受先进思想的教育,或警戒错误,引起注意,接受教训。这就是通报的教育性。这一目的,不是靠指示和命令方式来达到的,而靠的是正、反面典型的带动,通过真切的希望和感人的号召力,使人真正从思想上确立正确的认识,知道应该怎么做。

3.制发的时效性

通报感应敏锐,针对性强,紧紧抓住工作中出现的有代表性的新情况、新问题、新信息。具有代表性的事件,总是跟特定的时代背景,跟某一时期普遍存在的问题和现象有紧密联系。人们对当下的事件兴趣较高,对发生已久的事缺少热情。所以,如果通报不及时,时过境迁,通报的情况就失去了教育指导作用。

(二)通报的种类

通报是下行文,按内容分为三类:表扬通报、批评通报和情况通报。

1.表扬通报

表扬通报是用于表扬先进集体、人物的事迹,树立榜样,宣传典型,推广成功经验的通报。表扬通报是在一定范围内进行表彰,从规格上说,低于嘉奖令和表彰决定。例如《关于表彰2018年度××省产业转移目标责任考核评价优秀单位的通报》。

2.批评通报

批评通报主要是对工作中出现的重大错误、重大事故及不良倾向做出批评,以起到警戒和教育作用。批评通报所通报的事项及事项产生的后果,均无处分决定那么严重。例如

《××总局关于××电视台违规播放低俗下流节目的通报》。

3.情况通报

主要用于通报工作中出现的带有倾向性的新情况、新问题,以引起各级的注意,从而采取措施,做好工作。例如《关于××等8个市贯彻落实××省加强建设工程项目开工管理若干规定情况的通报》。

(三)通报的写法

1.标题

通报的标题有四种形式:

(1)完全式,由发文机关、事由、文种构成。

(2)省略发文机关。

(3)省略事由。

(4)单用文种。

2.主送机关

所属下级单位。普发性通报可不写主送机关。

3.正文

(1)表扬或批评通报,由通报事实、分析评价、有关决定及希望要求四个部分组成。

①通报事实。首先要概述先进主要事迹或反面典型的主要问题。这部分要注意做到要素齐全,写清时间、地点、人物、基本事件过程,但不能展开文学式的描声绘色的描述,而只能是简洁地概述。

②分析评价。鉴于通报的导向性,这部分要针对有关事实进行分析,或揭示意义、经验,或剖析原因、教训,从而表明发文机关的意图态度。评论时要注意紧扣事实,恰如其分。

③有关决定。应写明何时、何机构、何会议做出的决定。表扬通报,要写明给予表彰对象以什么样的表扬和奖励(注意,要先写精神鼓励再写物质奖励);批评通报,要写惩罚决定,有的还要写明治理措施。对个人单一错误进行处理时,要写明处理的依据(如依据何规定、根据何制度);对普遍存在的错误现象或问题,要提出纠正及治理的方法措施,如果内容复杂,可分条列项地写。

④希望要求。这是通报主旨的具体体现,要紧密结合被表扬或被批评的事件、行为,根据发文机关的身份,针对受文对象,提出具有普遍指导和教育意义的希望和要求。

(2)情况通报,其正文包括情况及分析、提出要求两个部分。

①情况及分析。如果通报的是工作情况,第一要肯定已经取得的成绩,还可以表扬一些成绩突出单位,最好写出取得成绩的原因,以使受文单位得到鼓励和促进;第二要指出工作中存在的主要问题,也可以批评一些问题严重的单位,说明问题产生的原因,以引起受文单位的重视,努力解决问题。如果是通报一些突发事故或事件,第一,要把事故或事件的情况(包括时间、地点、当事人、大概经过和结果)交代清楚;第二,要分析事故发生的原因与影响,使阅读者对情况有清楚的了解。

②提出要求。针对工作中存在的问题或事故、事件发生的原因,对受文单位、部门提出改进工作的要求和应当注意的事项。要求不止一点时,可分条列项,以便于执行。

4.落款和日期

注明发文机关和成文日期。

(四)例文赏析

【例文1】

省政府办公厅关于表彰2018年度省政府门户网站内容
保障工作先进单位和××省优秀政府网站的通报

各市、县人民政府,省各委、办、厅、局,省各直属单位:

2018年,各地、各部门继续推进电子政务,大力加强政府网站建设管理和内容保障工作,全省政府网站整体水平进一步提高,在推进政务公开、提高行政效能、服务社会公众等方面发挥了重要作用。为鼓励先进,促进发展,根据省政府门户网站内容保障工作考核办法和省电子政务建设协调指导小组、省信息化工作领导小组办公室、省政务公开领导小组办公室联合测评结果,决定对省人力资源和社会保障厅等25家"2018年度省政府门户网站内容保障工作先进单位"和××市等23家"2018年度××省优秀政府网站"建设单位予以通报表彰。

希望各地、各部门学习先进,继续做好省政府门户网站内容保障工作,切实加强政府网站建设和管理,坚持以公众为中心,加大政务信息发布力度,提高在线办事能力,拓展公益服务,推进互动交流,强化技术保障,完善工作机制,努力使政府网站成为建设服务型政府的重要平台,推动全省电子政务建设进一步发展。

附件:2018年省政府门户网站内容保障工作先进单位名单

(盖 章)
2019年2月17日

【简评】

这是一则省政府办公厅关于表彰2018年度省政府门户网站内容保障工作先进单位和××省优秀政府网站的通报。从通报的类别上看,其属于表扬通报。正文中,首先用非常简洁的语言叙述通报理由,然后对被通报的单位提出要求,最后将先进单位名单以附件的形式发布出来,符合通报的写作格式,简洁明了。

【例文2】

××市卫生局关于医生张×滥用麻醉药品造成医疗事故的通报

各区县、各乡镇医疗卫生单位:

2017年12月27日晚6时25分,×县×镇×村农民韦×因下腹部疼痛,被送到×镇卫生院治疗。该院夜班医生张×以"腹痛待诊"处理，为病人开了阿托品、安定等解痛镇静药，肌肉注射哌替啶 10 毫克。12 月 28 日下午 4 时许，该病人因腹痛加剧，再次到该卫生院治疗，医生刘××诊断为"急性阑尾炎穿孔，伴腹膜炎"，急转市第一人民医院治疗，并于当晚 7 时进行阑尾切除手术。手术过程中，发现阑尾端部穿孔糜烂，腹腔脓液弥漫。手术切除了坏死的阑尾，清除了腹腔脓液约 300 毫升，安装了腹腔引流管条。经过积极治疗，输血 300 毫升，病人才脱离危险，但身心受到了严重的损害。

急性阑尾炎是一种常见的外科急腹症，诊断并不困难。×镇卫生院张×工作马虎，处理草率，在没有明确诊断以前，滥用麻醉剂哌替啶，掩盖了临床症状，延误了病人的治疗时间，造成了较为严重的医疗事故。这种对人民生命财产极不负责任的做法是很错误的。为了教育张×本人，经卫生局研究，决定给张×行政记过处分，扣发全年奖金，并在全市范围内通报批评。

各单位要从这次医疗事故中吸取教训，加强对职工的思想教育，增强职工的责任感，以对人民高度负责的精神，端正服务态度，提高服务质量。要认真执行国家《麻醉药品和精神药品管理条例》的有关规定，加强对麻醉药品的管理，严禁滥用麻醉药品。今后如发现违反规定者，要首先追究单位领导的责任。

（公　章）

2018 年 1 月 22 日

【简评】

以上通报的主旨是：批评了医生张×严重失职的错误行为，并以此为戒，警示全市医疗卫生单位的领导和职工从中汲取教训，增强责任感，以防此类事故再度发生。从通报的种类上看，此则通报属于批评通报。

（五）瑕疵文案

【例文】

关于驾驶员、乘务员敲竹杠乱收费行为的通报

××字〔2018〕15 号

公司所属各单位：

昨天下午，下着小雨，××镇至××市方向开来了一辆编号为×××的空调大客车。乘客上车后，该车乘务员宣布每位收票款 7 元。乘客询问："平常只收 5 元，为何……？"乘务员没好气地说："不坐可以下车！"于是，十几位乘客下了车。其他乘客见天上下着雨，只好在车上坐着。奇怪的是，乘务员一路上只收钱不给票。车到市内，一些乘客没要票就下车了，有些乘客坚持要票，乘务员才给了他们一张 5 元的车票。

×××客车的乘务员和驾驶员哄抬票价，粗暴对待乘客，破坏安定团结，目无法纪，错误实属严重。据查，乘务员××平时工作也不认真，上季度考核分刚刚及格。为了严肃纪律，维护公司良好形象，经公司研究决定：对敲竹杠的驾驶员、乘务员罚款 200 元，停职检查一周，并在全公司通报批评。

望各单位组织车队同志学习、讨论,从中吸取教训,避免类似事故再发生。

××客车有限公司
2018年4月23日

【简评】
上文存在的主要问题有:
(1)标题事由重复,通报对象不确切。
(2)事实表述啰嗦,通报的事实部分简述即可。
(3)评价失当且有无关事由。
(4)"避免类似事故再发生"中"事故"一词用得不妥。

三、通知与通报的区别

通知、通报这两个文种都有沟通情况、传达信息的作用,是容易错用的文种,要注意它们的区别。

(一)所告知的范围不同

通知一般只通过该种公文交流渠道,传达至有关部门、单位或人员,它所告知的对象是有限的。

通报是上级机关把工作情况或带有指导性的经验教训通报下级单位或部门,无论哪种通报,受文单位只能是制发机关的所属单位或部门。

(二)制发的时间不同

通知制发于事前,都有预先发出消息的意义。

通报制发于事后,往往是对已经发生了的事情进行分析、评价,通报有关单位,从中吸取经验教训。

(三)目的不同

通知主要是通过具体事项的安排,要求下级机关在工作中照此执行或办理。

通报主要是通过典型事例或重要情况的传达,向全体下属进行宣传教育或沟通信息,以指导、推动今后的工作,没有工作的具体部署与安排。

(四)作用不同

通知可以用来任免和聘用干部、转发、批转公文,发布规章制度,这些都是通报没有的。

通报可以用来表彰先进、批评错误,通知没有这种用途。

 任务分析

通知要求写明召开会议的名称、目的、议题、时间、地点;写清楚对参加会议人员的要求(如准备发言、有关材料、生活用品等),注意事项以及筹备会议单位名称、联系人、联系方式、会议食宿安排等。总之,此类通知要写得清楚、具体。

批评通报要抓住具有反面教育意义的错误和不良倾向,进行严肃批评,并分析原因,吸取教训,达到教育和警示的作用。通报文字表达简洁明快、言之有据,切忌夸张渲染,要以实事求是的态度对事实认真核对。要是非分明,忌含糊其辞,切忌把批评通报写成情况纪实。

 任务训练

1. 训练内容

每位成员按"任务布置"内容,拟写一份批评通报。

2. 训练要求

(1)个人写作限时10分钟。

(2)符合通报的写作格式。

(3)通报内容清晰有条理,态度鲜明。

任务训练自评表

分数区间	80~100分	60~79分	59分及以下
以学生为单位评分 (100分)	在教师指定时间内完成所有训练;通报格式符合写作要求;写作内容明确,无错别字	在教师指定时间内完成所有训练;通报格式基本符合写作要求;写作内容基本明确,错别字不多于3个	未在教师指定时间内完成所有训练;缺交为0分

任务5 报告、请示、函

  任务目标

知识目标

1. 了解报告、请示、函文种的概念、特点、分类和行文规则。
2. 掌握报告、请示、函文种的适用范围、结构和写作要求。
3. 比较报告与请示行文关系、写作目的、内容、时限、要求等方面的异同点。

能力目标

1. 能拟写报告、请示、函等公文。
2. 在工程文秘岗位具备写作、处理公文的能力。

工匠精神目标

培养精益求精的品质精神。

  任务布置

某建设公司办公室主任要求文秘小罗起草文件,内容是与(同级别资质的)某建设公司在2019年开展公司单身青年员工联谊活动事宜。小罗犯难了,一时不知道在报告、请示和函之间,应该选择哪个文种?

  知识链接

一、报告

报告是下级机关向上级机关汇报工作、反映情况、答复上级机关的询问时使用的公文。报告是一种陈述性上行公文。制发报告能使上级随时了解下级情况,掌握下情,又能接受上级及时的指导与督促,为上级机关制定方针、政策提供依据。

(一)报告的特点

1. 语言的陈述性

报告行文一般都使用叙述方式,即陈述其事,报告内容要具体,条理要清晰。一般不展开推理论证,也不像请示那样采用祈使、请求语气。

2.行文的单向性

下级机关向自己的领导机关或业务主管部门汇报工作、反映情况,为其日后的工作决策提供依据或参考,一般不需要受文机关的批复,属于单项行文。

3.成文的事后性

多数报告都是在事情做完或发生后,向上级机关做出汇报,是事后行文。也有事中行文的,但比较少。

(二)报告的种类

1.工作报告

主要用于汇报工作情况,如汇报工作的进展、成绩、经验、存在的问题及打算,上级交办事项的结果等。

2.情况报告

主要用于汇报重大事件、特殊状况、会议情况,以及在一定范围内带有倾向性的问题等。情况报告与工作报告的不同之处主要在于,情况报告不局限于某一具体工作,不讲工作的进展情况,只讲客观存在或突然发生的情况。向上级机关反映自然灾害情况、突发事件的处理情况等都属于情况报告。这类报告的特点是反映及时,时效性强。

3.答复报告

用于答复上级查询的事项。

4.递送报告

向上级机关报送材料或物件时,随文随物而写的报告。

(三)报告的写法

1.标题

报告标题用完全式,或省略发文机关。

2.主送机关

一般为发文机关的直接上级机关。

3.正文

报告的正文因报告种类不同而有差异。

(1)工作报告。工作报告的正文由导语和报告事项组成。导语,简要交代工作的指导思想、依据、背景、工作基本情况和主要效果,以统领全文。一般用"现将有关情况报告如下"作为过渡语,引出报告事项。报告事项是工作报告的核心部分,重在写清做了什么、怎么做的,一般要写明具体的工作任务完成情况、主要成绩、做法、体会和存在的问题,以及对下一步工作的设想。若是专题性报告,则侧重于主要经验和教训。写作中多采用总分式写法或用小标题来安排结构。既要有观点和事实材料,又要有数字印证,以增强报告的客观性和说服力。

(2)情况报告。情况报告正文重在汇报出现的新情况、新问题,主要应写清有关事项、基本看法和处理意见三部分内容。有关事项部分可用引言交代事件要素,再用过渡语"现将有关情况报告如下"引出报告事项;也可开门见山,直接叙述具体情况。既要写清事件或问题发生、发展的主要经过及所造成的后果,又要注意列举有关数据和典型材料,让上级能较为全面直观地掌握情况。基本看法,即围绕所报告的情况来分析原因、事件实质,分清是非与责任,提出自己的看法。分析要一针见血、切中要害,为下文提出的解决办法打下基础。处理意见部分的内容,已经处理了的,应报告处理结果;还未来得及处理的,应报告打算如何处理,以供上级参考。

（3）答复报告。答复报告的正文由报告缘由与报告事项构成。开头说明报告的缘由,答复的是上级机关或者领导人询问的什么问题或情况(有时一两句话即可),并针对所提问题,提出意见或处理结果。答复报告侧重针对性,有问必答,答其所问,以示负责。要求表述明确、具体,语言准确,不可含糊其辞、模棱两可。

（4）递送报告。这类报告很简单,把报送的物件或材料的名称、数量说明清楚即可。

4.结尾

不同的报告使用不同的习惯用语结尾,如"专此报告""以上报告请审阅""以上报告请审核""以上报告如无不妥,请批转……执行"等;递送报告使用"请查收""请收阅"作为结语;也有的报告不用结语,自然结尾。

5.落款和日期

写明发文机关和成文日期。

（四）例文赏析

【例文】

中国人民银行××市××区分行关于发现变相货币的报告

××市中国人民银行：

最近,我区文化和旅游局用计划外收入资金,发给职工每人600元购物券。据了解,这是该局与××百货商场商妥,用支票付给××百货商场60000元,职工凭该局发给的购物券到××百货商场选购商品。据了解,该购物券共印100张,上有编号和该局财务专用章,购物有效时间为2018年12月15日—2018年12月25日。因购物券已在规定时间内购齐商品而销毁,故我们未见到实样。

为此,我们先后向区文化和旅游局和××百货商场指出,上述购物券虽未标明具体金额,但仍属于变相货币,是违反国家现金管理规定的。这两个单位表示承认错误,并保证今后不再出现此类问题。

根据总行关于"禁止发行变相货币的规定",特此报告。

（盖　章）
2018年12月28日

【简评】

这是中国人民银行××市××区分行关于发现变相货币的报告。这则情况报告写得简明清晰,先报告情况,再写他们对该事情的处理过程,最后写报告依据。需要说明的是,报告依据可写在开头,但根据该报告内容,写在结尾充当尾语,可使报告更为简洁。

(五)瑕疵文案

【例文】

关于经济责任考核情况的报告

厂长:

根据厂经济责任制实施办法的具体规定,结合各单位1月份及去年各项考核指标的实际完成情况,经各主管处室逐项落实,认真检查,严格考核。现将1月份考核结果报告如下:

3号车间:因工伤事故超标准,根据厂安全生产考核办法有关规定,故扣罚车间当月奖金额的1%。

7号车间:……

其他车间:……

一季度指标计划已经下发,望各单位加强管理,统筹安排,认真落实,严格控制各项技术经济考核指标,把"增产节约,增收节支"工作落实到企业生产经营活动中去。

以上报告如无不妥,请批准公布执行。

厂长办公室
二〇一×年二月×日

【简评】

上文存在的主要问题有:

(1)标题事由概括得不全面。

(2)全文有许多的语病,表述不严谨。例如,"严格控制各项技术经济考核指标"句表述不妥,因"指标"有的要控制,而有的则须达到甚至超过。

(3)"望各单位……"属下行文语言,不宜在报告中使用。

二、请示

请示是适用于向上级机关请求指示、批准的公文。请示为上行文,具有必须回复的性质。

(一)请示的特点

1.目的性

请示的目的性极强,专门用于向上级反映困难、提出要求。请示是把本机关权限范围内无法解决或无力解决的问题,请求上级机关给予支持、帮助和明确批示的文书。请示只能发往主管的上级机关,使其批复,不能抄送下级机关。

2.前置性

请示所反映的内容、涉及的事项一般来说都是即将发生或将要遇到的,行文一般在事前进行。下级机关只有得到上级批复后才能处理有关事项,不能一边报送请示,一边自作主张

处理,更不能先斩后奏。

3.单一性

请示必须坚持"一事一请"的原则,不能搞"一文多事"。不能越级请示,也不要多方请示,即使受双重领导的机关,也只能确定一个主送机关,另一个采用抄送的形式。

4.时效性

有了疑难问题和本级机关不能解决的困难,需要上级及时答复和帮助解决,才写请示。这就要讲究时效性,如果行文不及时,势必贻误工作,造成损失。

(二)请示的种类

根据使用的条件和目的,请示可分为以下四类:

1.请求批准的请示

这主要用于按规定本机关无权决定,必须请求上级机关批准的事项,如机构设置、人员编制、人事任免等。

2.请求帮助的请示

此种请示用于下级机关碰到人、财、物等自己无力解决的问题时,向上级提出请求帮助解决。

3.请求指示的请示

请求上级机关对有关方针、政策、规定中难以理解或不明之处,以及在执行过程中需要做变通处理的问题或涉及其他机构职权范围的问题予以答复或做出指示。

4.请求批转的请示

请求上级机关对本部门就全局性或普遍性问题所提出的解决办法予以批转各单位执行。

(三)请示的写法

1.发文字号

包括发文机关代字、年份、序号。

2.标题

标题有两种写法:一种写法是只标明请示的事由和文种;另一种写法是在标明的事由和文种之前,还加上发出请示的机关(如有版头,也可省略)或个人的名称。请示的标题要明确标明请求批示(批准)的问题是什么。如《××局关于召开2017年城市管理工作总结表彰会议的请示》《广东省口岸办关于烽火海洋网络设备有限公司码头临时进靠外籍船舶装载作业的请示》。

3.主送机关

请示的主送机关就是负责受理和答复请示的机关,一般为直属上级机关。

4.正文

正文由请示事由、事项和结语三部分组成。

(1)事由。请示的事由是请示事项和要求的理由及依据。要先把事由讲清楚,然后再写请示的事项和要求,这样才能顺理成章。事由很重要,关系到事项是否成立,是否可行,当然也关系到上级机关审批请示的态度。

（2）事项。包括办法、措施、主张、看法等。请示的事项，要符合法律法规，符合实际，具有可行性和可操作性。因此，事项要写得具体、明白。如果请示的事项内容比较复杂，要分清主次，一条一条地写出来，条理要清楚，重点要突出。注意，事项简单的，往往和结语合为一句话。

请示事项应该避免不明确、不具体的情况和把缘由、事项混在一起的情况。否则，不得要领，上级机关不知道要求解决什么问题。

（3）结语。结语是请示必不可少的一项内容，不能遗漏，更不能含糊其辞。常以简短的文字概括请示的具体要求，再次点明主题。如"妥否，请批示""如无不妥，请批准"或"如无不当，请批转……"等。

5.落款和日期

在正文之后的右下方标注发文机关名称和成文时间。如标题中已出现发文机关，则落款省略。

6.印章

盖发文机关公章。

（四）例文赏析

【例文】

××交通职业技术学院文件

交院财基报〔201×〕4号　　　　　　　　　　　　　签发人：××

××交通职业技术学院
关于提高住宿费收费标准备案的请示

自治区物价局：

为了改善学生住宿条件，我院于201×年上半年为四塘校区1~8栋学生公寓楼、四塘校区北区1、2栋学生公寓楼每间宿舍加装了空调。根据广西壮族自治区物价局、财政厅、教育厅《关于我区公办高等院校和中等职业学校学生宿舍住宿费收费标准有关问题的通知》（桂价费〔2015〕88号）规定："非新建的学生公寓，加装空调后，可在原住宿收费标准基础上最高加收150元/人·年，报价格主管部门备案后执行。"我院拟从201×年开始，在四塘校区1~5栋学生公寓原收费标准基础上加收70元/人·年；在四塘校区6~8栋学生公寓原收费标准基础上加收50元/人·年；在四塘校区北区1、2栋学生公寓原收费标准基础上加收150元/人·年，加收后的住宿费收费标准均为950元/人·年，现申请予以备案。

妥否，请批示。

附件：

1.《关于我区公办高等院校和中等职业学校学生宿舍住宿费收费标准有关问题的通知》（桂价费〔2015〕88号）

2.学生宿舍规格及收费标准备案表

（公章）
201×年8月23日

(联系人及联系电话：×× 1351788××××)

××交通职业技术学院办公室　　　　　　　　201×年8月23日印发

【简评】

该请示格式完整规范，请示的理由充分，请示的事项具体明确，符合法规，符合实际，具有可行性和可操作性。

（五）瑕疵文案

【例文】

关于报告住房制度改革有关问题的请示

总公司：

自2013年以来，我厂实施了住房制度改革，全厂的干部职工参加了住房公积金制度。

在实施初期，我厂按：基本工资＋补助－400（元）作为基数，再提取5%，作为个人的住房公积金。由于基数对比干部职工工资偏低，计算出来的住房公积金金额严重偏低，每人每月只有35~50元左右，大约只有××厂的三分之一。并且几年来一直没有调整，与《××市住房公积金制度暂行办法》及有关规定不符。

为了提高住房标准，简化操作，根据房改政策和我厂的实际情况，我办决定：

1. 以全部工资×90%为基数，再提取5%，为个人缴存公积金金额。
2. 从2018年1月起实施，每年调整一次。

由于工资改革，工资结构发生变化，新来职工的住房公积金计如果套用老公式的话，就给工作带来很大不方便了。

现将情况汇报给上级，请指示！

××厂办室
2017年12月

【简评】

上文存在的主要问题有：

(1) 标题错误，报告与请示混用。

(2) 称呼应顶格；正文中"全厂的干部职工参加了住房公积金制度"句的"参加"与"制度"搭配不当。

(3) "我办决定"，语气不够谦和，不能用决定的语气说话。

(4) "由于工资改革，工资结构发生变化，新来职工的住房公积金计如果套用老公式的话，就给工作带来很大不方便了。"这段应是申请理由，不应放在申请事项中。"如果套用老公式的话，就给工作带来很大不方便了"一句，过于口语化，不符合公文用语习惯。

(5) "现将情况汇报给上级，请指示！"结语不妥。

(六)报告与请示的异同

1. 相同点

(1)二者同属上行文。
(2)都不能越级行文。

2. 不同点

(1)目的不同。报告用于汇报工作,提供信息;请示则是提出问题,寻求解决。
(2)性质不同。报告是陈述性的公文;请示则是请求性的公文。
(3)内容不同。报告适用范围广泛;请示内容单一,要求一文一事。
(4)时间不同。报告可事前、事中或事后汇报;请示必须事前呈送。

三、函

函是不相隶属机关之间相互商洽工作、询问和答复问题,向无隶属关系的有关主管部门请求批准事项时使用的文种。函是公文中唯一的平行文文种,用途比较广泛,没有隶属关系。

(一)函的特点

1. 平等性和沟通性

函主要用于不相隶属机关之间互相商洽工作、询问和答复问题,体现双方平等沟通的关系,这是其他所有的上行文和下行文都不具备的特点。即使是向有关主管部门请求批准,只要双方不是隶属关系,就不必使用请示和批复,只用函,并且姿态、措辞、语气也跟请示和批复大不相同,体现平等性和沟通性的特点。

2. 灵活性和广泛性

函对发文机关的资格要求很宽松,高层机关、基层单位、党政机关、社会团体、企事业单位,均可发函。

3. 单一性和实用性

函的内容必须单一,一份函只能写一件事项。函不需要在原则、意义上进行过多的阐述,不重务虚重务实。

(二)函的种类

根据不同标准,我们可以把函分为以下几类。

1. 公函与便函

根据正式与否,可分为公函与便函。公函是正式的公文,像一般公文一样,有文件头、有发文字号、有标题、有公章,总之,严格按照公文格式撰写制作。便函不属于正式公文,格式可以比较随意,没有文件头,没有发文字号,甚至可以没有标题,但正文之后,要有机关署名、日期和公章。

2. 发函与复函

根据来往关系,可分为发函与复函。主动制发的函为发函;回复对方来函的函称为复函。

3. 商洽函、问答函、知照函、请批函

根据内容和目的,可以分为商洽函、问答函、知照函、请批函。商洽函就是相互商量工作的函;问答函是机关单位之间用来相互询问和答复问题的函;知照函多用于向有关单位或部门告知某一事项;请批函是机关之间或单位之间请求帮助或配合,以及向有关主管部门请求

批准等使用的函。需要注意的是,这里的"有关主管部门"是指"某项具体业务主管部门或归口管理部门",请批单位与它们没有行政上的领导与被领导、业务上的指导与被指导关系。例如,某单位派团出境考察要向公安部门申请等。

(三)函的写法

1. 标题

(1)完全式标题,由发文机关、事由、文种构成,或省略发文机关。

(2)由发文机关、文种构成。

2. 主送机关

主送机关主要是不相隶属机关;具有隶属关系的上、下级机关之间,有时也用函沟通情况。

3. 正文

不同的函内容结构和写作要求有所不同,分述如下。

(1)商洽函的写作。商洽函的正文由发函原因、商洽的事项、解决办法构成。开头常以开门见山的手法简要说明商洽的原因、目的,以便对方了解情况。商洽的事项应具体说明要求对方协助办理的事情。

(2)问答函的写作。如果是询问函,正文主要写清询问的起因和询问的事项即可。通常是简单地交代询问的起因、目的,之后就直接提出要询问的问题,在最后提出企盼回复的要求。回复对方的函的写法与批复相似,由引叙来文和答复内容两部分构成。规范的写法是直接引述对方来函的日期、标题和发文字号,并说明收文情况。答复内容要针对来文内容一一作答,要具体明确。如因不了解情况,一时难以回答的,应做出说明,便于对方了解。

(3)知照函的写作。知照函写作较为简单,只要交代清楚知照事项有关要素即可。

(4)请批函的写作。请批函与请示的写法相似,重点写清请批的缘由和请批的事项。在写明需要解决什么问题之后,还应提出解决问题的意见和建议。但因属平行文,在语气处理上应和请示有所不同。

4. 结尾

如果是发函,常用"特此函达""盼予函复""妥否,请函复""特盼复"等惯用语作结语;如果是复函,常用"此复""特此函复""专此函复""特函复,请办理"等惯用语进行结尾。有的函也可以不用结束语,如果属于便函,可以像普通信件一样,使用"此致敬礼"。

5. 落款和日期

写明发文机关和成文日期。

(四)例文赏析

【例文1】

关于租用贵校教室用于青年干部培训的函

××大学:

我市为进一步贯彻国家公务员制度,拟对全市机关单位的青年干部进行不脱产培训。因培训人员较多,场地不够,所以想租用贵校教室。时间是今年2月至4月的所有双休日,每天上午8时至下午6时。课室数目是8间,每间可容60人。有关租借费用,我局将协商后如数支付。这次培训,关系到提高我市在职干部的素质,希望能得到你们的支持。

敬请函复。

××市人事局(盖章)

2019年1月25日

【简评】

例文为××市人事局致××大学商洽租用贵校教室用于青年干部培训的函。发函方就租用教室的原因、目的、使用安排等方面提出了商洽意见。这类函通常在平行机关或不相隶属机关之间相互协商或联系工作时使用。

【例文2】

××省信访局给××市的询问函

中共××市委:

2018年10月19日,我局以"〔2018〕信字号第16号"函商讨你市××村群众揭发村干部贪污粮款的问题,迄今已4个月,未见处理结果,是否处理?请将结果函告我局。

(盖 章)

2019年2月20日

【简评】

这是一篇询问函,××省信访局就××市对××村群众揭发村干部贪污粮款的问题处理结果进行询问。内容简洁,语言得当,符合询问函的规范要求。

(五)瑕疵文案

【例文】

××市第七变压器厂抓紧归还劳动服务公司借款的函

××市第七变压器厂:

你厂于二○一七年九月,从我厂借去资金十万元,作为你厂劳动服务公司开办费,当时双方讲好年内一定偿还。目前已经是二○一九年一月了,我厂正在编制去年的财务决算,为使我们能及时搞好各类款项的清理结算,要求你方务必将所借之款于二十日内归还我厂,切不要一拖再拖,给我厂财务工作的顺利进行带来不应有的困难。

此致

敬礼!

××市第一变压器厂

2019年1月26日

【简评】

上文存在的主要问题有:

(1)标题写法不规范,而且语气强硬。

(2)"你厂于二〇一七年九月,从我厂借去资金十万元,作为你厂劳动服务公司开办费",此句结构松散,不凝练。

(3)语言不够谦和,这是函的大忌。比如,此文中的"当时双方讲好年内一定偿还""要求你厂务必……""切不要一拖再拖,给我厂……困难"等语句,显得过于生硬,咄咄逼人,不得体。

(4)该文内容严肃,属公函而不是便函,故不应用"此致敬礼""顺致敬意"等敬祝语。

(5)文中的数字和日期表述错误,应用阿拉伯数字。

任务分析

两个公司是同级别资质的单位,所以应该采用属于平行文的函。在行文中不能像私人函件那样随意,要具有公文的庄重,又要有礼貌,但也不必逢迎恭维、曲意客套。询问函要求一函一事,便于对方尽速办理与答复。语言要恰当、得体,表达上应讲究分寸,态度上应平等诚恳,注意尊重对方。

任务训练

1.训练内容

每位成员按"任务布置"内容,拟写一份函。

2.训练要求

(1)个人写作限时10分钟。

(2)符合函的写作格式。

(3)函是平行文,语言要得体,层次分明,表述无语病。

任务训练自评表

分数区间	80~100分	60~79分	59分及以下
以学生为单位评分(100分)	在教师指定时间内完成所有训练;符合函的写作格式;写作内容明确,语言得体无语病,层次分明	在教师指定时间内完成所有训练;基本符合函的写作格式;写作内容基本明确,语言有少许语病或错别字,层次基本分明	未在教师指定时间内完成所有训练,缺交为0分。不符合函的写作格式;语言有语病或错别字较多,层次混乱

模块提升训练

一、填空题

1. 通报的种类主要有_____、_____、_____。
2. 通知的主要特点有_____、_____、_____。
3. 条据可分为两大类:即说明性条据(如_____、_____、_____)和凭证性条据(如_____、_____、_____)。
4. 通报是_____行文,但不发号施令,它由领导机关在_____内行文,让所有下属周知,了解情况,接受教育。
5. 请柬一般有两种样式,_____和_____。
6. 请示只能写_____个主送机关。
7. 函属于_____行文。

二、判断题

(　　)1.便条是一种简便的书信体,因此可以抒情、说理。
(　　)2.条据之所以具有法律效力是因为它是一种字据。
(　　)3.请柬是为了邀请客人参加某项活动而发的礼仪性专用书信。
(　　)4.专门邀请某人的请柬不能省略称谓,而宽泛使用的请柬可以省略称谓。
(　　)5.婚庆请柬,如果以父母的名义发送,要署上结婚当事人双方的姓名。
(　　)6.请示可以一文多事。
(　　)7.报告是向上级机关汇报工作、反映情况、答复上级机关的询问或要求时使用的一种陈述性上行文。
(　　)8.根据报告的不同内容使用不同的习惯用语。如常用"特此报告""专此报告"。在写报告时一定要注意,汇报工作、反映情况不能夹带请示事项。
(　　)9.函适用于不相隶属机关之间商洽工作、询问和答复问题。

三、单项选择题

1. 条据虽然小,也是属于(　　)。
   A.记叙文　　　　B.议论文　　　　C.应用文　　　　D.散文
2. 个人向单位借钱、借物,写借条时,一般第二行第一句就表示(　　)。
   A.被借一方的单位或个人名称　　　　B.领导人姓名
   C.借钱物的人的姓名　　　　　　　　D.会计或出纳姓名
3. 如果替人代收钱物,代收人写的收条应该在第一行写有(　　)。

A.今借到　　　　B.今收到　　　　C.今代收到　　　　D.今代借到

4.不属于通报适用范围的是(　　)。

　　A.表彰先进　　　B.传达情况　　　C.申请批准　　　D.批评错误

5.发文字号年份的正确写法是(　　)。

　　A.〔18年〕　　　B.〔2018年〕　　C.〔'18〕　　　　D.〔2018〕

6.任免人员应使用的文种是(　　)。

　　A.通报　　　　　B.批复　　　　　C.通知　　　　　D.通告

7.不符合用印要求的是(　　)。

　　A.在发文时间上方　　　　　　　　B.上不压正文

　　C.上可压正文　　　　　　　　　　D.下要压年月日

8.下列"请示"的结束语中得体的是(　　)。

　　A.以上事项,请尽快批准

　　B.以上所请,如有不同意,请来函商量

　　C.所请事关重大,不可延误,务必于本月10日前答复

　　D.以上所请,妥否? 请批复

四、简答题

1.文秘部门掌管的印章主要有哪些?

2.印章的使用有五个步骤,分别是什么?

3.发文处理的程序有哪些?

五、案例分析

案例1:张某向王某借人民币10000元,向王某写了一份借条,一年后张某归还5000元,还要求王某撕毁原来的借条,张某重新为王某写了这样一张借条:"张某向王某借10000元,现还欠款5000元。"

张某写的这张借条有什么不妥?

案例2:据报道,河南有一个叫杨莲花的人借给李某2万元钱,说好一年后要归还。可是没想到,李某做亏了生意没钱还,死活不认账。于是他们闹得十分厉害,谁也说不清他们的事情,到最后,他们只好闹上法庭。他们在法庭上你说你的理,我说我的理。法官问杨莲花:"你有什么证据证明李某借了你的钱?"杨莲花说:"当时我们是朋友,所以没留什

么条据。"

杨莲花的做法吃亏在哪些方面?

六、写作题

1.假设你所在班级排演某个舞蹈节目,需向某文艺团体借某种演出服装若干套,演出后归还。请根据以上内容,拟写一个借条。

2.龙强是某建筑有限公司的员工,接受公司委派到精英培训中心参加为期2周的业务培训,在他培训期间内的2019年3月6日的下午,公司要召开全体员工大会,要求任何人不能缺席。请代龙强向培训中心拟写请假条。

3.你是朝阳商场采购部经理,2019年3月5日,你收到长虹电器股份有限公司送来的货物2158型彩电50台。请你给对方送货员开具一张临时性收条。

4.××电力公司收到上级电力公司《××电厂"3·15"人身伤亡事故的通报》,其中说明该厂职工在进行炉内检修时,因检修平台悬吊钢丝绳断裂而倾覆,致使1人死亡,多人受伤。此事引起××电力公司领导高度重视,制定《炉内检修平台安全使用规定》,欲将其下发给下属各单位,请你拟写一份下发通知。

5.汽车系汽检2019-1班6位同学在今年的校园职业技能大赛中成绩优异,且所在班级荣获团体一等奖,请以该系名义写一份表扬通报。

6.请根据下面的材料,拟写一份请示。

某单位直属机关工会拟在2019年3月份举办全省系统职工运动会,运动会为期3天,共设五大项十五小项,预计200人参加,其中160人为各地市系统职工。经统计,运动会场地租用费用、所需器材费用、购买奖品费用以及各地市人员住宿费用等共需20万元。

7.本学期任选《工匠精神培养·推荐阅读书目》中5本书籍进行阅读,针对每本书籍各撰写一篇300~500字的阅读心得体会。

工匠精神培养·推荐阅读书目

1. 付守永,《新工匠精神:人工智能挑战下如何成为稀缺人才》,机械工业出版社。
2. 牟德刚,《修身报国:社会主义核心价值观大学生读本》,浙江大学出版社。
3. 潘君明,《苏州历代工匠传说》,古吴轩出版社。
4. 刘青文,《中华传统文化经典读本:增广贤文》,北京教育出版社。
5. 人民教育出版社课程教材研究所职业教育课程教材研究开发中心,《"工匠精神"名篇诵读导引》,人民教育出版社。
6. 谢月华,《工匠心做事 感恩心做人》,企业管理出版社。
7. 阿久津一志(张雷译),《如何培养工匠精神:一流人才要这样引导、锻炼和培养》,中国青年出版社。
8. 刘艳,《你一学就会的思维导图》,文化发展出版社。
9. 杨乔雅,《大国工匠:寻找中国缺失的工匠精神》,经济管理出版社。
10. 惠新,《工匠精神:精英员工的行为标准》,中国商业出版社。
11. 黄昊明、蔡国华、姬伟,《工匠精神:成就"互联网+"时代的标杆企业》,北京工业大学出版社。
12. 金岩、柴钰,《工匠品》,中华工商联合出版社。
13. 孙逸君,《工匠精神:看齐与创新》,中华工商联合出版社。
14. 付守永,《工匠精神:成为一流匠人的12条工作哲学》,机械工业出版社。
15. 亚力克·福奇(陈劲译),《工匠精神:缔造伟大传奇的重要力量》,浙江人民出版社。

参考文献

[1] 谭一平,吴竞.秘书实务与案例分析[M].北京:外语教学与研究出版社,2009.
[2] 黄海.办公室工作实务[M].北京:电子工业出版社,2009.
[3] 李光.资料员岗位知识与专业技能[M].北京:中国建筑工业出版社,2013.
[4] 张友昌.材料员专业管理实务[M].北京:中国建筑工业出版社,2010.
[5] 向阳.秘书技能情景化训练[M].北京:北京大学出版社,2016.
[6] 丁士昭.工程项目管理[M].2版.北京:中国建筑工业出版社,2014.
[7] 杨锋.秘书实务[M].2版.北京:中国人民大学出版社,2015.
[8] 陆瑜芳.秘书学概论[M].3版.上海:复旦大学出版社,2015.
[9] 杨剑宇.涉外秘书实务[M].上海:华东师范大学出版社,2013.
[10] 张雁泉.文秘新手成长记[M].北京:中国纺织出版社,2014.
[11] 周成霞.岗位应用文写作[M].北京:北京交通大学出版社,2009.
[12] 王蓓,王勃,王崀炼.文秘与办公自动化岗位技能培训教程[M].北京:科学出版社,2005.
[13] 赵爱英,杨运庚,杜建勤.应用文写作实用教程[M].长春:吉林大学出版社,2011.
[14] 刘富勤,陈友华,宋会莲.工程量清单的编制与投标报价[M].2版.北京:北京大学出版社,2016.
[15] 董小玉.现代应用写作教程[M].2版.北京:高等教育出版社,2016.
[16] 黄树红.应用写作与口才训练[M].北京:北京交通大学出版社,2010.
[17] 张文英.新编应用文写作教程[M].天津:南开大学出版社,2017.
[18] 张德实.应用写作[M].2版.北京:高等教育出版社,2003.